컴선생 여우님 컴퓨터와 탐험하기

초판 발행일 | 2015년 02월 23일
지은이 | 방과후교육연구회
펴낸이 | 박재영
총편집인 | 이준우
기획진행 | 최진석

주소 | 서울시 마포구 양화로 125, 8층(서교동, 경남관광빌딩)
문의전화 | 02-6337-5419 **팩스** | 02-6337-5429
홈페이지 | http://www.hrbooks.co.kr

발행처 | (주)해람북스 **출판등록번호** | 제2013-000285호

ISBN 979-11-85454-14-6 13000

※ 잘못된 책은 바꾸어 드립니다.
※ 책 가격은 뒷면에 있습니다.

상담을 원하시거나 아이가 컴퓨터 수업에 출석할 수 없는 경우 아래 연락처로 미리 연락주시기 바랍니다.

★ 컴퓨터 선생님 성함 : ___________________   ★ 내 자리 번호 : __________

★ 컴퓨터 교실 전화번호 : _______________________________________

★ 나의 컴교실 시간표   요일 : _______________   시간 : __________

※ 학생들이 컴퓨터실에 올 때는 컴퓨터 교재와 필기구를 꼭 챙겨서 올 수 있도록 해 주시고,
  인형, 딱지, 휴대폰 등은 컴퓨터 시간에 꺼내지 않도록 지도 바랍니다.

시간표 및 출석 확인란입니다. 꼭 확인하셔서 결석이나 지각이 없도록 협조 바랍니다.

__________ 월

월	화	수	목	금

 시간표 및 출석 확인란입니다. 꼭 확인하셔서 결석이나 지각이 없도록 협조 바랍니다.

__________ 월

월	화	수	목	금

 시간표 및 출석 확인란입니다. 꼭 확인하셔서 결석이나 지각이 없도록 협조 바랍니다.

__________ 월

월	화	수	목	금

나의 타자 단계

이름 : ______________________

⭐ 오타가수가 5개를 넘지 않은 친구는 선생님께 확인을 받은 후 다음 단계로 넘어가서 연습합니다.

낱말 연습	1단계	2단계	3단계	4단계	5단계	6단계	7단계	8단계
보고하기								
안보고하기								

낱말 연습	1단계	2단계	3단계	4단계	5단계	6단계	7단계	8단계
보고하기								
안보고하기								

짧은글 연습	1번 연습	2번 연습	3번 연습	4번 연습	5번 연습	6번 연습	7번 연습	8번 연습
10개 이상								
20개 이상								
30개 이상								

이 책의 순서

 **부모님과 함께 주니어네이버에 가입해보아요.**

1. '쥬니어네이버(http://jr.naver.com)' 홈페이지에 접속하여 [로그인] 버튼을 클릭합니다.

2. [회원가입]을 클릭하여 회원가입 창이 나오면 '이용약관, 개인정보 수집 및 이용, 위치정보 이용약관(선택)에 모두 동의합니다.'를 클릭한 후 [동의]를 클릭합니다.

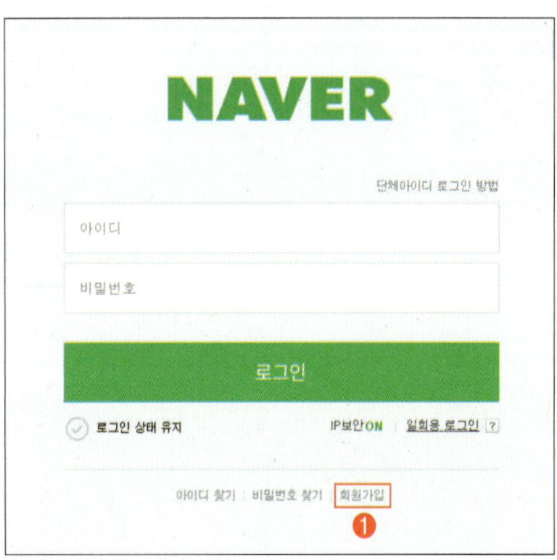

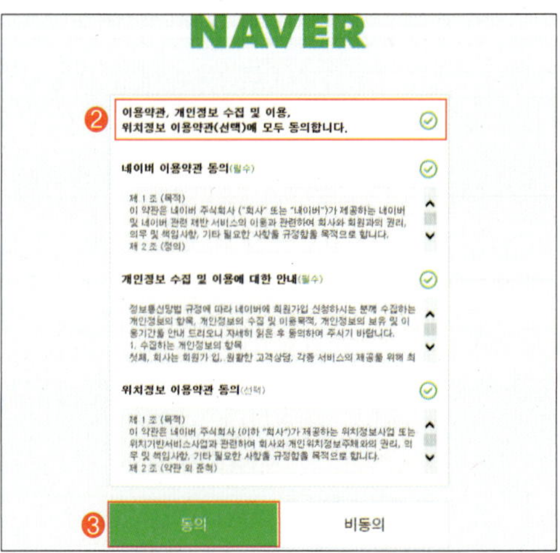

3. 해당란에 정보를 입력하고 [휴대전화번호]를 클릭합니다.

4. '개인정보 처리에 동의합니다.'를 클릭한 후 정보를 입력하여 인증한 후 [가입하기]버튼을 클릭합니다.

인터넷 시작하기

- 인터넷 시작 페이지를 변경하여 보자.
- 즐겨찾기에 추가하여 보자.

 ## 표준 도구에 대해 알아보아요.

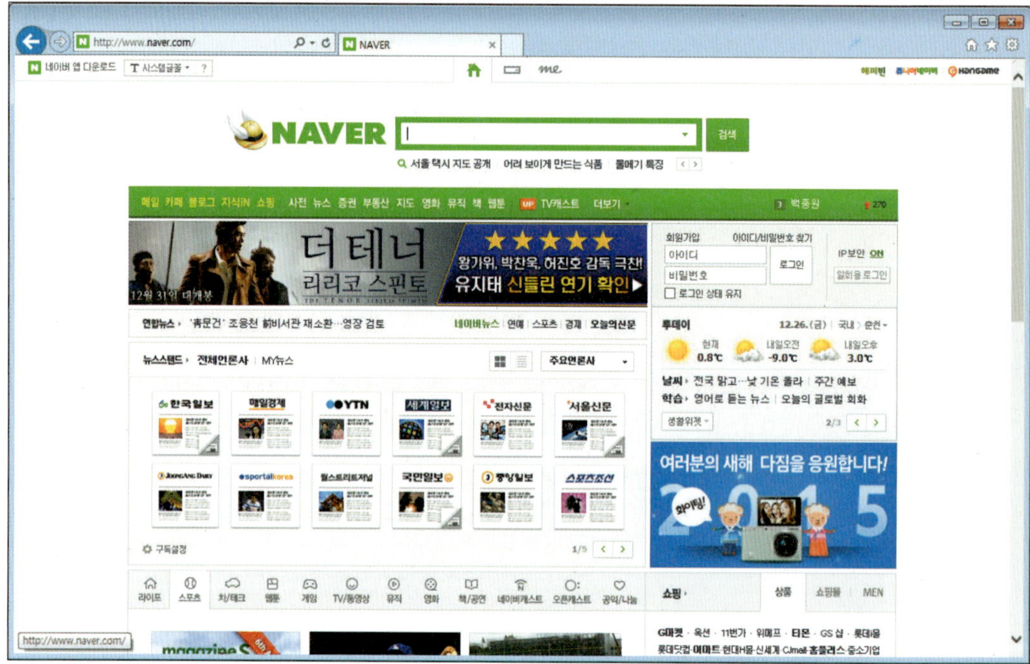

❶ **뒤로( )** : 이전에 방문한 웹 페이지로 이동합니다.

❷ **앞으로( )** : 현재 페이지 이후에 방문했던 페이지로 이동합니다.

❸ **검색( )** : 목적에 따라 필요한 자료들을 찾아냅니다.

❹ **새로 고침( )** : 현재 웹 페이지를 새롭게 불러옵니다.

❺ **홈( )** : 시작 페이지로 이동합니다.

❻ **즐겨찾기( )** : 자주 방문하는 웹 페이지를 등록하고 쉽게 이동합니다.

❼ **도구( )** : 인쇄, 안전, 호환성 보기, 인터넷 옵션 등을 설정합니다.

시작 페이지를 설정해 보아요.

1. '쥬니어네이버(jr.naver.com)' 홈페이지로 이동한 후 [도구]–[인터넷 옵션] 메뉴를 클릭합니다.

2. [인터넷 옵션] 대화상자가 나타나면 [현재 페이지]–[확인] 단추를 클릭합니다.

3. [인터넷 익스플로러] 창을 닫은 후 다시 실행하여 시작 페이지가 '쥬니어네이버'로 바뀌었는지 확인합니다.

 # 자주 가는 사이트를 즐겨찾기에 등록해 보아요.

1. ‘쥬니어네이버’ 홈페이지를 실행한 후 [즐겨찾기]−[즐겨찾기에 추가] 메뉴를 클릭합니다.

2. [새 폴더] 단추를 클릭하여 폴더 이름을 지정하고 [만들기], [추가] 단추를 클릭합니다.

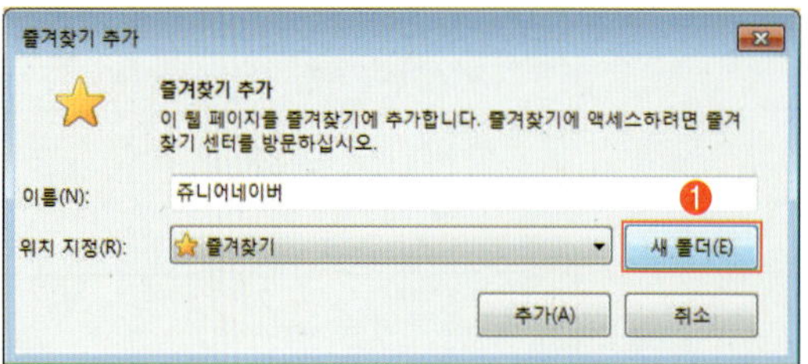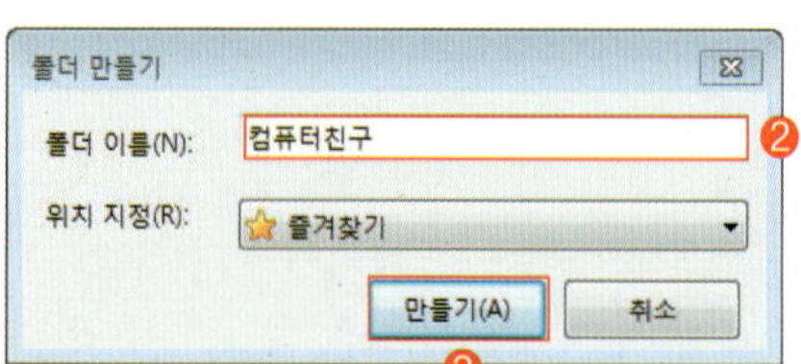

3. 즐겨찾기(☆) 도구를 클릭하여 즐겨찾기 목록을 확인하고 추가한 홈페이지를 클릭하여 이동합니다.

4. 같은 방법으로 아래 웹 페이지를 [컴퓨터친구] 폴더에 추가합니다.

- 국립 어린이 청소년 도서관 http://www.nky.go.kr
- 야후꾸러기 놀이터 http://www.yahookids.pe.kr/
- 투니랜드 http://www.tooniland.com/index.tn

혼자할 수 있어요!

1. '스크래치(scratch.mit.edu)' 홈페이지를 인터넷 시작페이지로 지정해 보세요.

2. 아래 사이트들을 [만화영화] 폴더에 즐겨찾기로 등록해 보세요.

- **꼬마버스타요** http://www.tayobus.com/
- **로보카 폴리** http://home.ebs.co.kr/poli/

인터넷 정보 활용하기

- 인터넷에서 정보를 검색하여 보자.
- 검색한 정보를 복사하고 붙여넣기해 보자.

🌱 **실습파일** : 토끼.jpg, 판다.jpg

검색한 정보를 워드패드에 붙여넣기 해 보아요.

1. '네이버' 홈 페이지에서 '팬더'를 검색한 후 검색결과를 클릭합니다.

2. 검색 결과를 마우스로 드래그 한 후 오른쪽버튼을 클릭하여 [복사]를 클릭합니다.

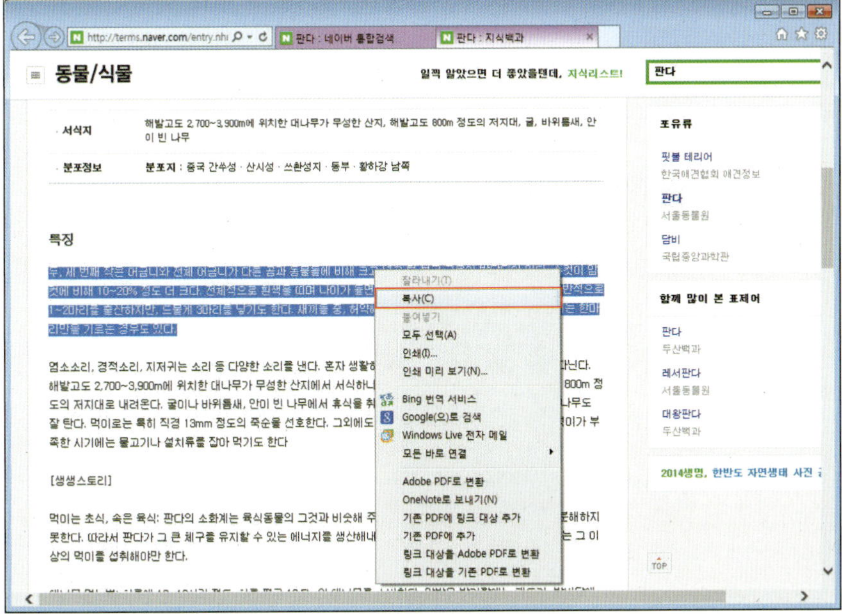

3. [시작( )]-[모든 프로그램]-[보조프로그램]-[워드패드] 메뉴를 클릭하여 워드패드 프로그램이 실행되면 그림과 같이 내용을 입력합니다.

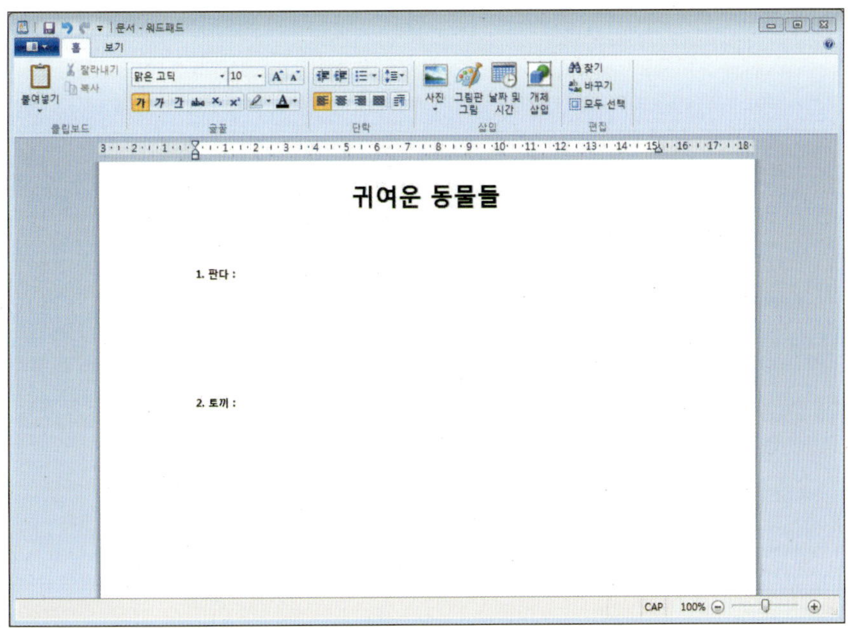

4. 복사한 등장인물 이름 옆에서 마우스 오른쪽 버튼을 눌러 [붙여넣기] 메뉴를 선택하여 결과를 확인합니다.

5. 같은 방법으로 나머지 동물도 복사한 후 이름 옆에 붙여넣기 합니다.

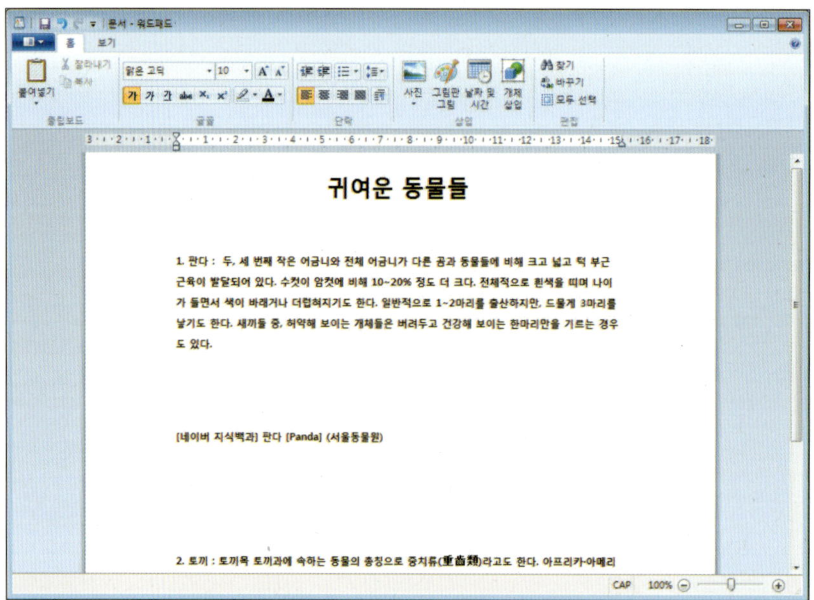

6. 워드패드에서 [사진(🖼)] 버튼을 클릭하여 그림을 삽입한 후 그림과 같이 친구들이 원하는 여러 가지 서식을 지정하여 편집 후 완성합니다.

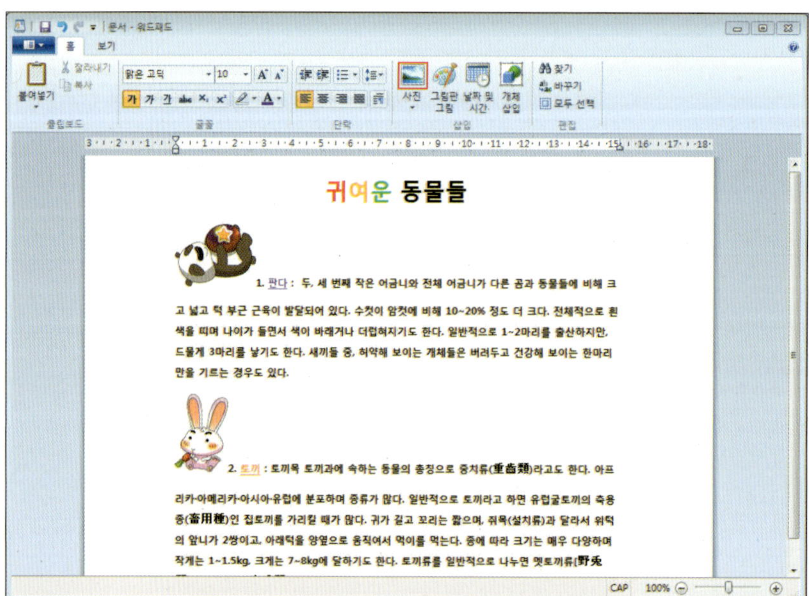

혼자할 수 있어요!

1. 인터넷에서 '녹차'을 검색한 후 [워드패드] 프로그램에서 문서로 만들어 보세요.

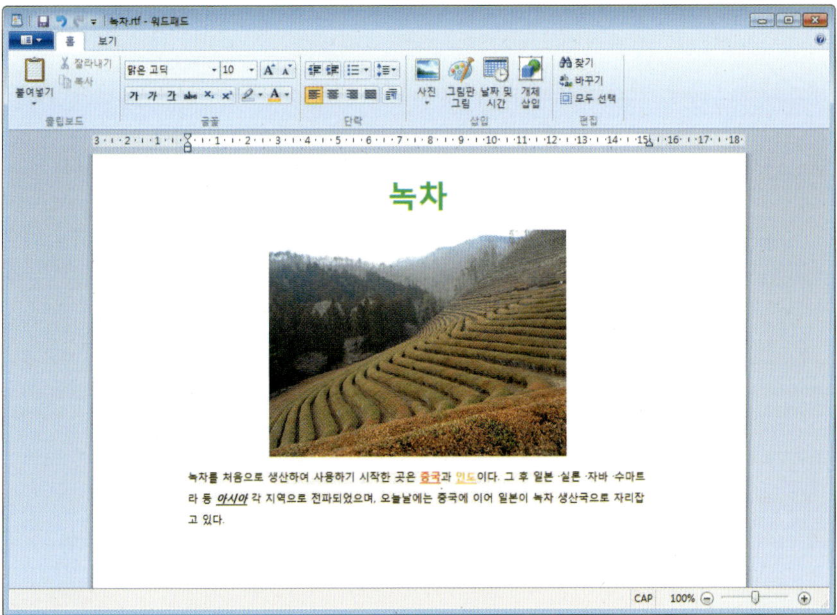

2. 인터넷에서 '애완동물'을 검색한 후 [워드패드] 프로그램에서 문서로 만들어 보세요.

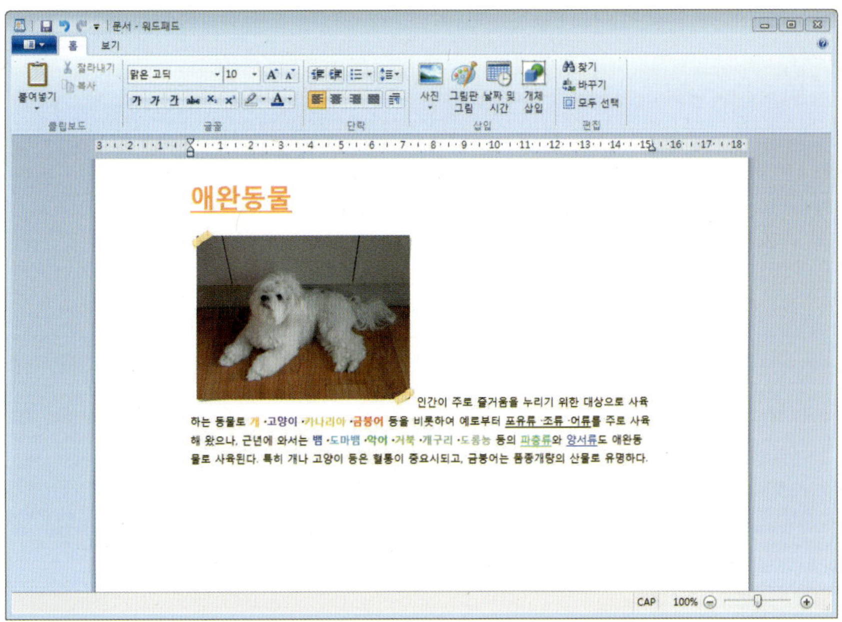

웹브라우저 탭 알아보기

월 일

- 다양한 탭 검색에 대해 알아보자.
- 여러 탭에 홈페이지를 연결하여 보자.

 탭의 기능에 대해서 알아보아요.

1. [인터넷 익스플로러] 창을 실행하고 새로운 탭을 만들기 위해 [새 탭] 버튼을 클릭합니다.

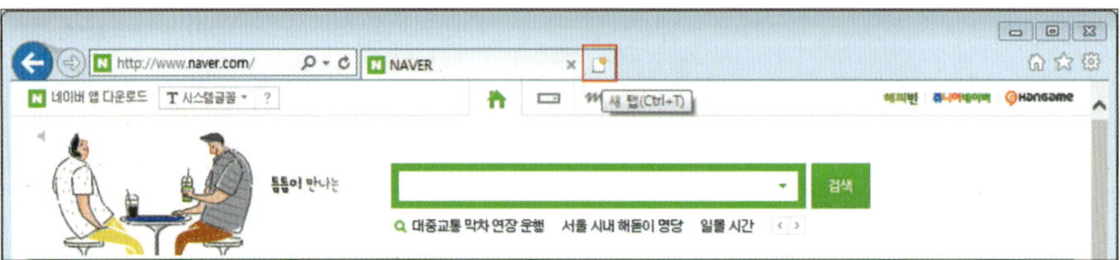

2. 새로운 탭이 열리고 '자주 방문하는 사이트'를 볼 수 있는 것을 확인합니다.

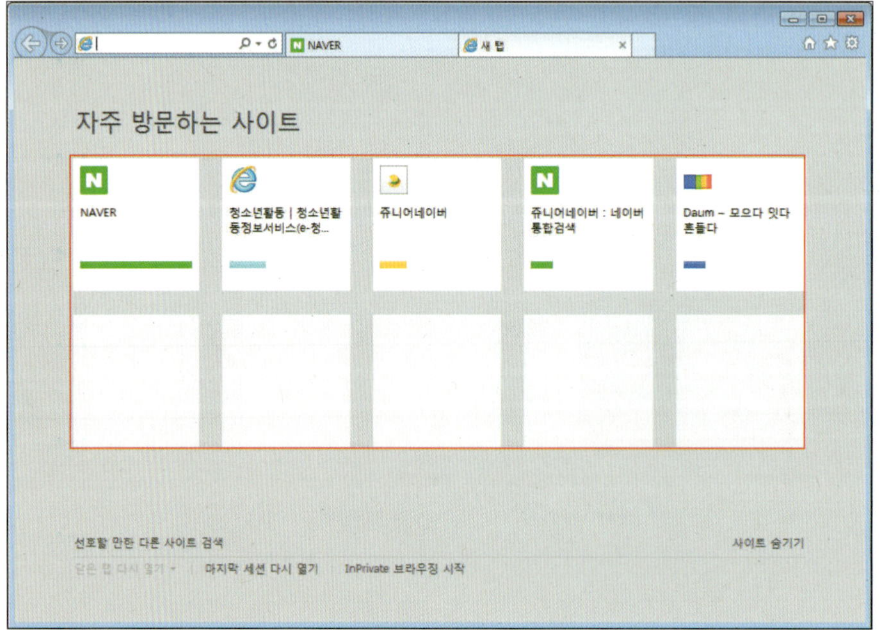

3. 새로운 탭에서 '쥬니어네이버(jr.naver.com)' 홈페이지를 방문합니다.

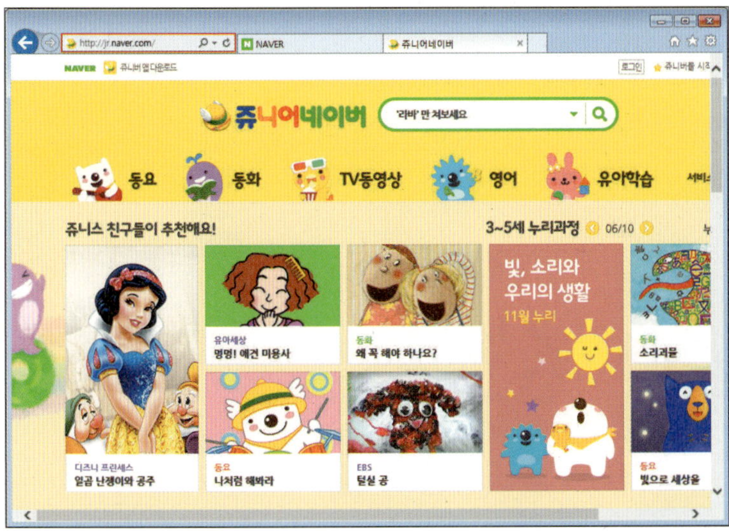

4. 이전에 열었던 탭을 마우스로 선택하면 '네이버' 홈페이지를 선택할 수 있습니다. 두 개의 인터넷 창을 번갈아 가며 사용할 수 있습니다.

5. 열려있는 탭 위에서 마우스 오른쪽 버튼을 클릭하여 [탭 복제]를 선택합니다.

6. 새로운 탭이 만들어지고 복제 되었던 탭과 똑같은 홈페이지가 열립니다.

 ## 여러 탭을 열어서 홈페이지를 연결해 보아요.

1. 새로운 [인터넷 익스플로러]를 실행한 후 탭을 만들어 '네이버(www.naver.com)', '다음(www.daum.net)', '구글(www.google.co.kr)'을 방문해 3개의 탭을 만듭니다.

2. 열려있는 탭 중에 '네이버' 탭을 마우스 왼쪽으로 클릭한 상태에서 '구글' 탭의 오른쪽으로 드래그하여 이동시킵니다.

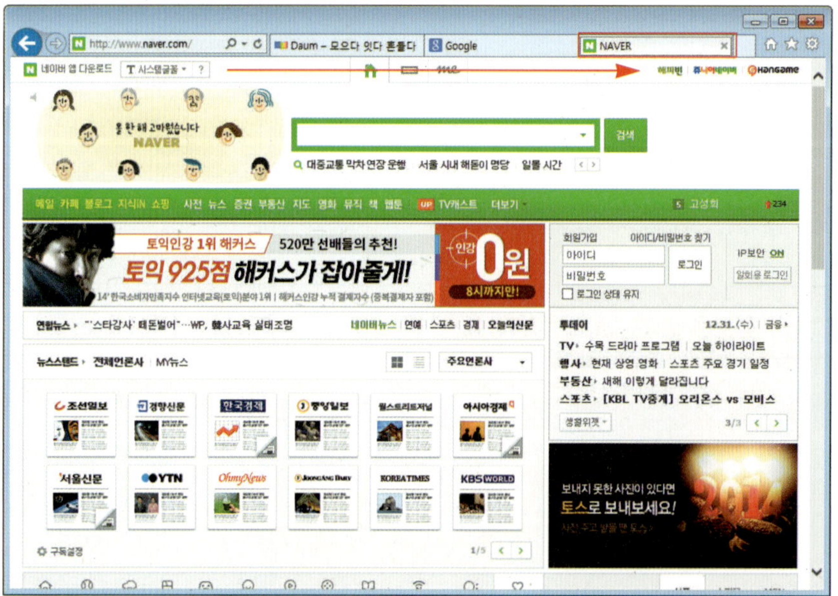

3. [탭 닫기]를 클릭하거나 마우스 휠로 탭을 클릭합니다.

4. [인터넷 익스플로러]의 [닫기] 버튼을 클릭한 후 [모든 탭 닫기] 버튼을 클릭합니다.

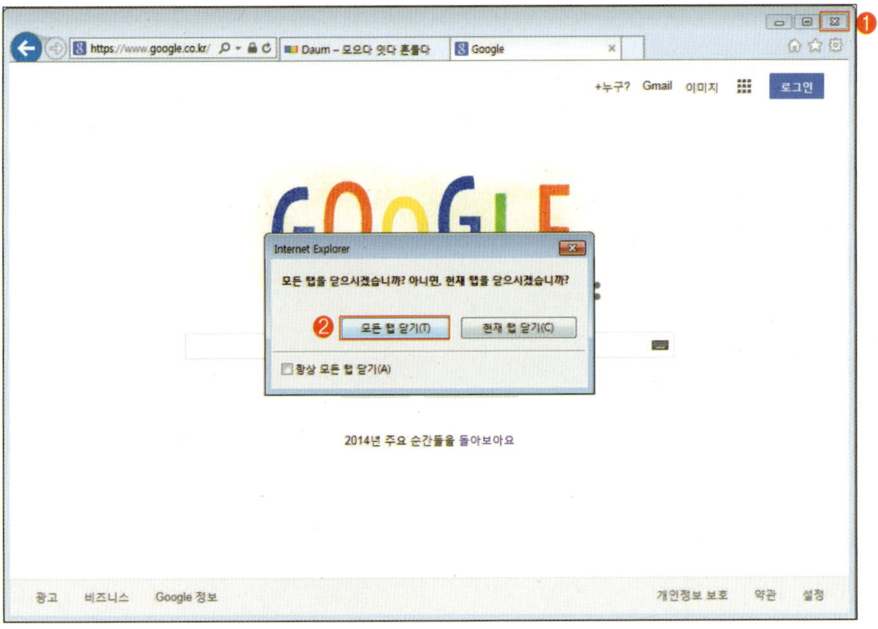

혼자할 수 있어요!

1. [인터넷 익스플로러]를 열어 '감사원 어린이 청소년', '어린이법제처', '보건복지부 어린이', '외교부 청소년' 홈페이지를 아래 그림과 같이 탭 순서를 맞추세요.

2. 열려있는 모든 탭을 닫아보세요.

- **감사원 어린이 청소년** http://kids.bai.go.kr/child/index.do
- **어린이법제처** http://www.moleg.go.kr/child
- **보건복지부 어린이** http://www.mohw.go.kr/kids/
- **외교부 청소년** http://www.mofa.go.kr/new_young/main/index.jsp

압축과 바이러스 검사하기

- 압축 프로그램을 다운로드 받아 설치하여 보자.
- 바이러스 치료 프로그램 설치하고 검색해 보자.

🌼 **실습파일** : [사진] 폴더, [설치파일] 폴더

 ## 알집 프로그램을 다운로드 받아 설치해 보아요.

1. '네이버' 홈페이지에서 '알집'을 검색 또는 홈페이지 주소 'www.altools.co.kr /Download/ALZip.aspx'을 직접 입력하여 홈페이지에 접속한 후 [설치하기] 버튼을 클릭하여 바탕 화면에 저장합니다.

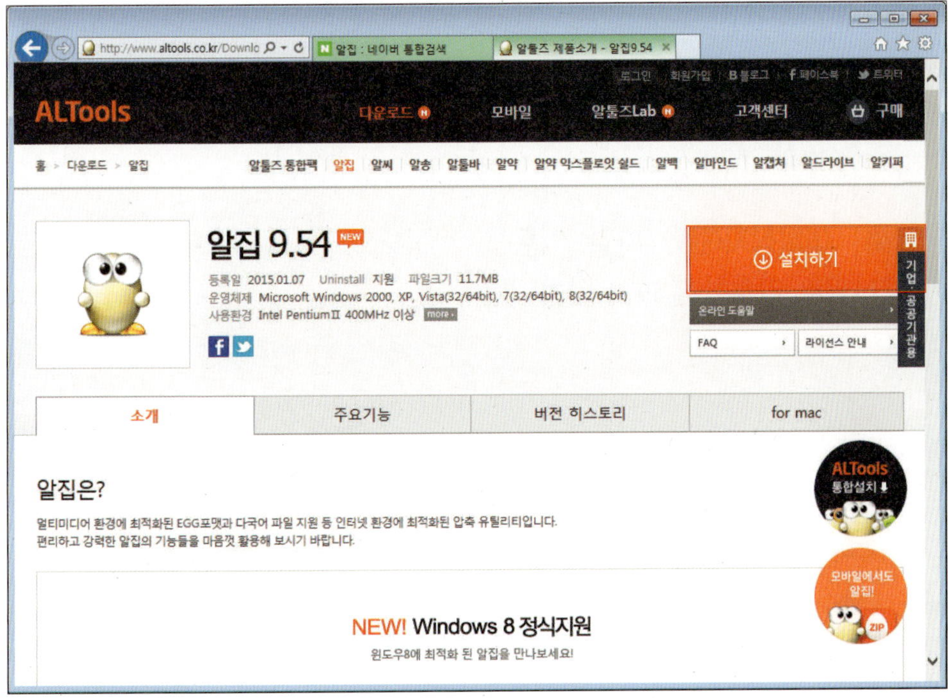

Hint

압축은 다 마신 음료수 캔을 발로 꾹 눌러서 납작하게 만들어 부피를 줄이는 것처럼 용량이 크고 많은 파일을 하나의 파일로 합쳐 쉽고 간편하게 관리할 수 있습니다.

2. 바탕 화면의 '알집( )' 설치 파일을 더블클릭하여 설치 마법사에서 [다음] 버튼을 누르고 설치가 완료되면 '알집( )' 아이콘이 생깁니다.

3. '사진' 폴더를 연 후 '남해1'을 클릭하고 SHIFT를 누른 채 '남해6'을 클릭하여 6개의 파일이 선택되면 마우스 오른쪽 버튼을 눌러 [알집으로 압축하기] 메뉴를 선택합니다.

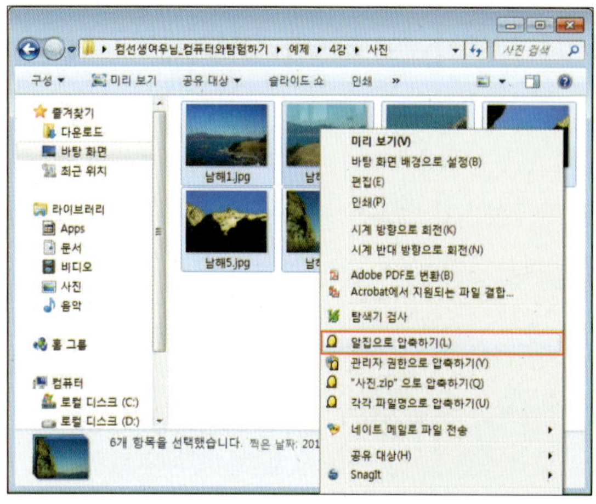

4. [새로압축] 대화상자에서 파일 이름을 지정하고 [압축] 버튼을 클릭하면 '남해.zip' 파일로 압축한 결과가 나옵니다.

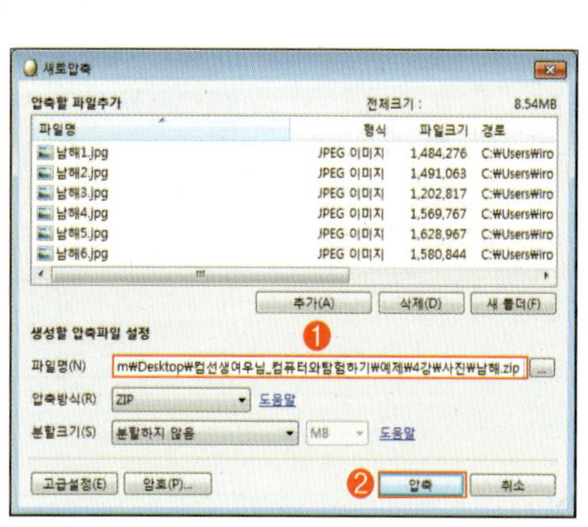

5. '남해.zip'을 더블클릭하고 [압축풀기( )] 버튼을 선택하면 압축이 풀어집니다.

미션2 V3 프로그램을 설치하고 검사해 보아요.

1. 'V3LiteSG_Setup.exe' 파일을 더블클릭한 후 설치 마법사를 이용하여 프로그램을 설치합니다.

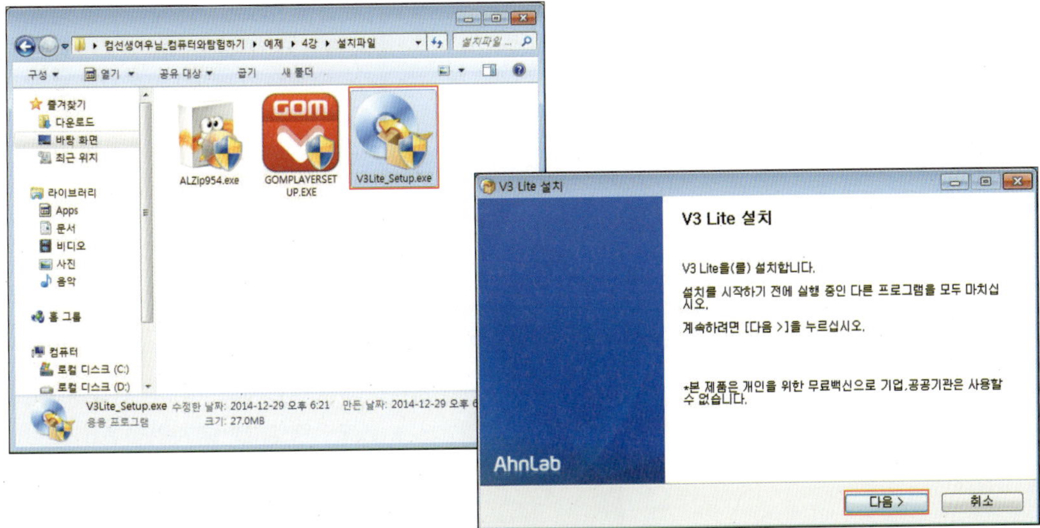

2. 'V3 Lite(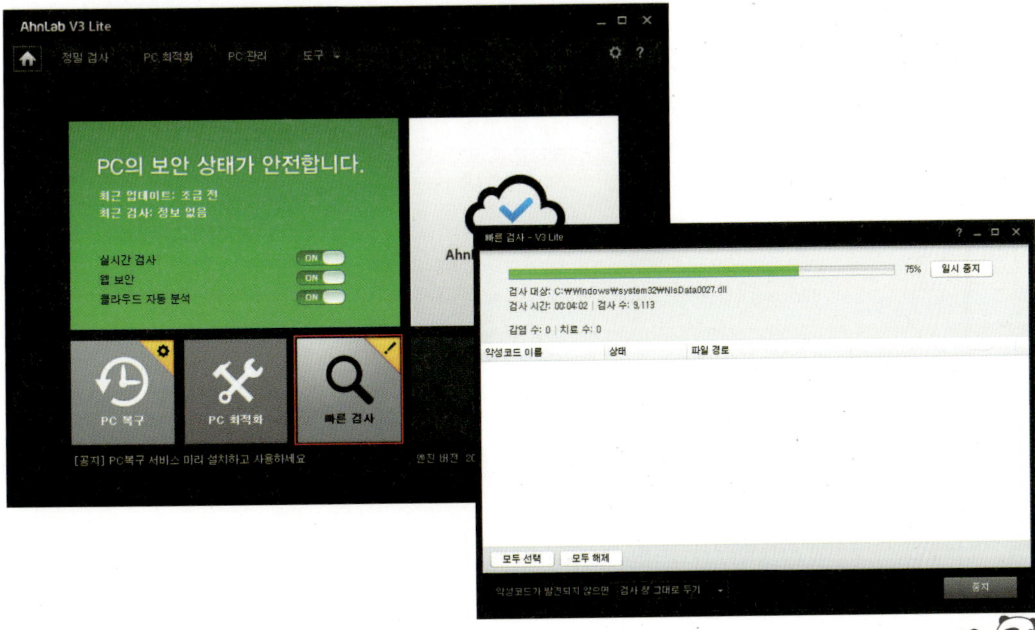)'를 더블클릭한 후 [빠른검사]를 이용해 검사를 진행하고 바이러스가 감염되었다면 [치료하기] 버튼을 클릭합니다.

3. [정밀 검사] 버튼을 선택한 후 선택영역을 모두 선택하여 [검사 시작] 버튼을 이용해 세부적인 검사도 해 봅니다.

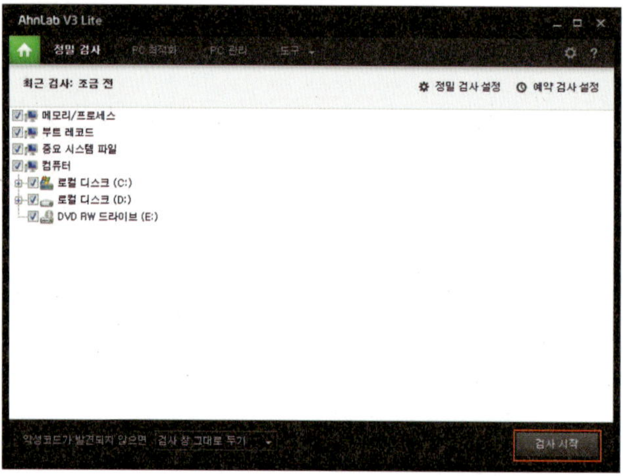

4. [PC 최적화]-[최적화 시작] 버튼을 클릭하여 시스템 최적화 작업을 합니다.

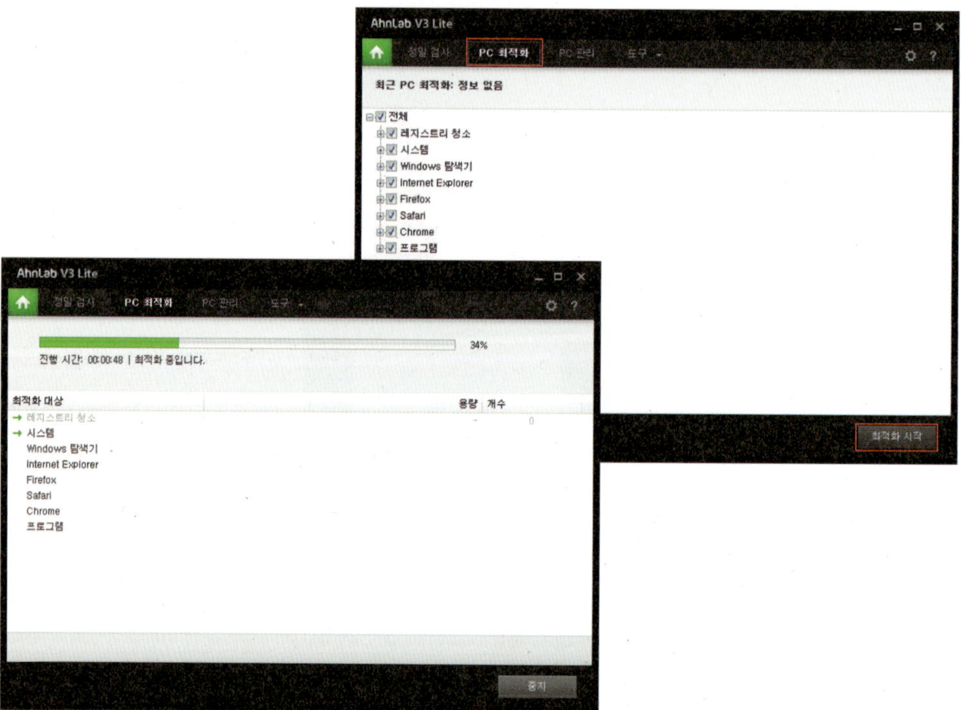

5. 최적화가 끝나면 [확인] 버튼을 클릭합니다.

혼자할 수 있어요!

1. 'GOMPLAYERSETUP.EXE' 파일을 더블클릭하여 [곰플레이어] 프로그램을 설치해 보세요.

2. [설치파일] 폴더의 모든 파일을 [알집] 프로그램을 이용해 압축해 보세요.

구글어스로 세계 여행하기

□ 월 □ 일

- 구글어스로 지도를 검색해 보자.
- 화성이나 달 지도를 검색해 보자.

🌻 실습파일 : GoogleEarthSetup.exe

 ## 구글어스로 지도를 검색해 보아요.

1. 'GoogleEarthSetup.exe' 파일을 더블클릭하여 구글어스 프로그램을 설치한 후 설치가 끝나면 [닫기] 버튼을 클릭합니다.

2. [Search] 입력란에 학교 이름을 입력한 후 [검색] 아이콘을 클릭합니다.

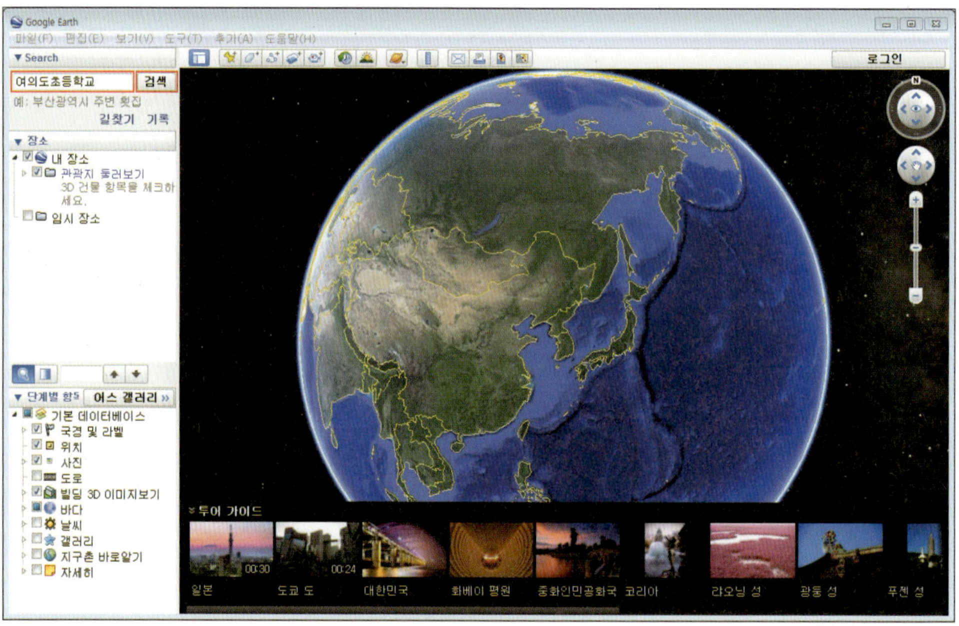

3. 네비게이션을 이용하여 크게 확대하거나 이동하여 결과를 확인합니다.

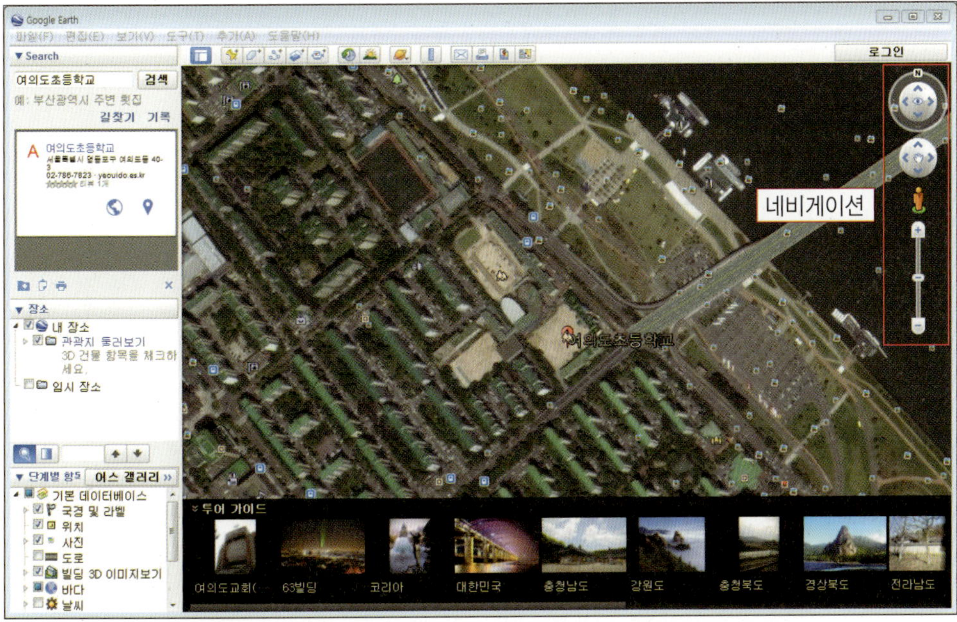

4. '수원화성'을 검색하고 결과를 확인합니다.

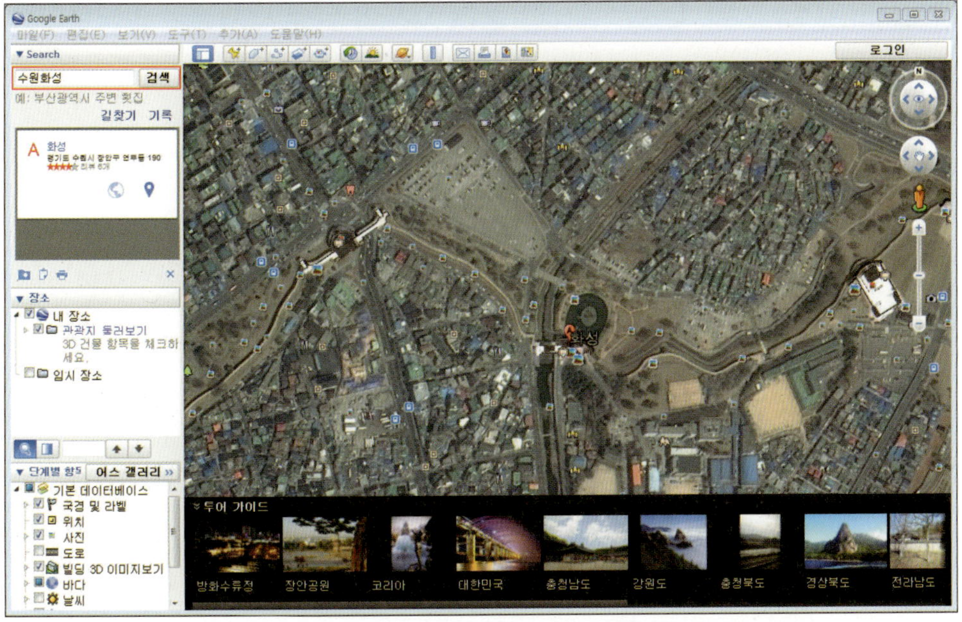

 ## 구글어스로 화성과 별자리를 검색해 보아요.

1. '다른 서비스(🪐)' 아이콘을 클릭하고 '달' 메뉴를 눌러 달이 나오면 확대하여 살펴봅니다.

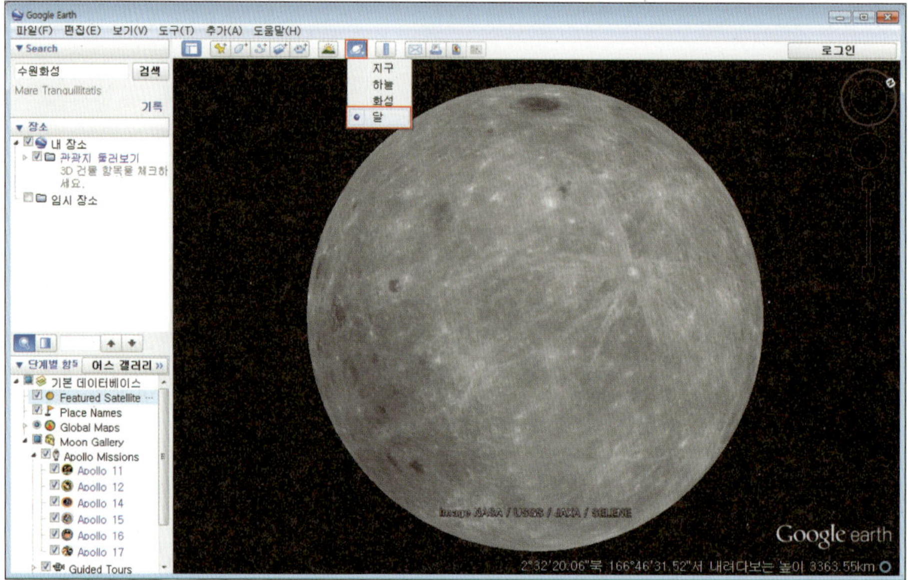

2. '다른 서비스(🪐)'의 '하늘' 메뉴를 눌러 자신의 탄생 별자리를 찾아봅니다.

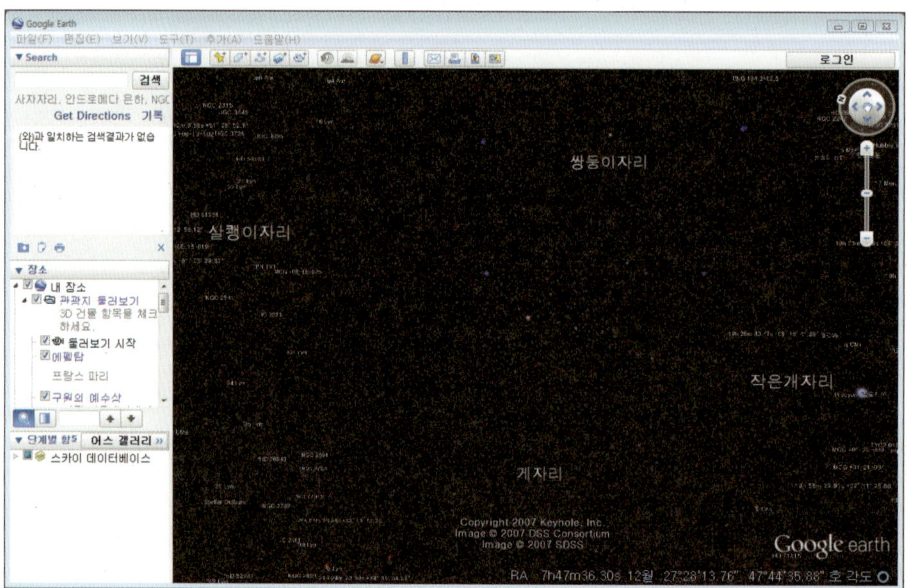

1. '경복궁' 에 대한 지도를 검색하여 확인해 보세요.

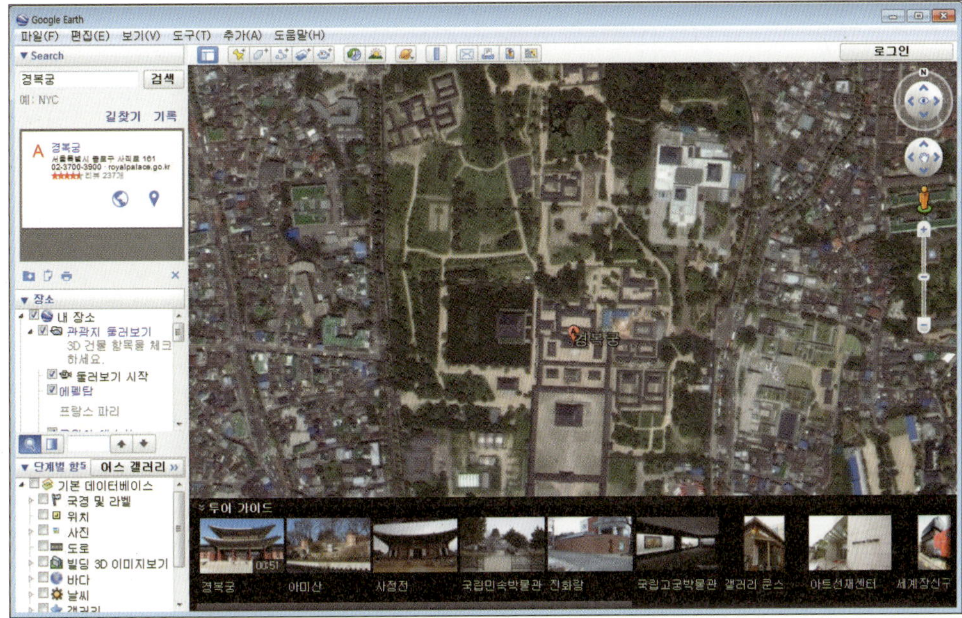

2. '달' 에 대한 정보를 검색하여 확인해 보세요.

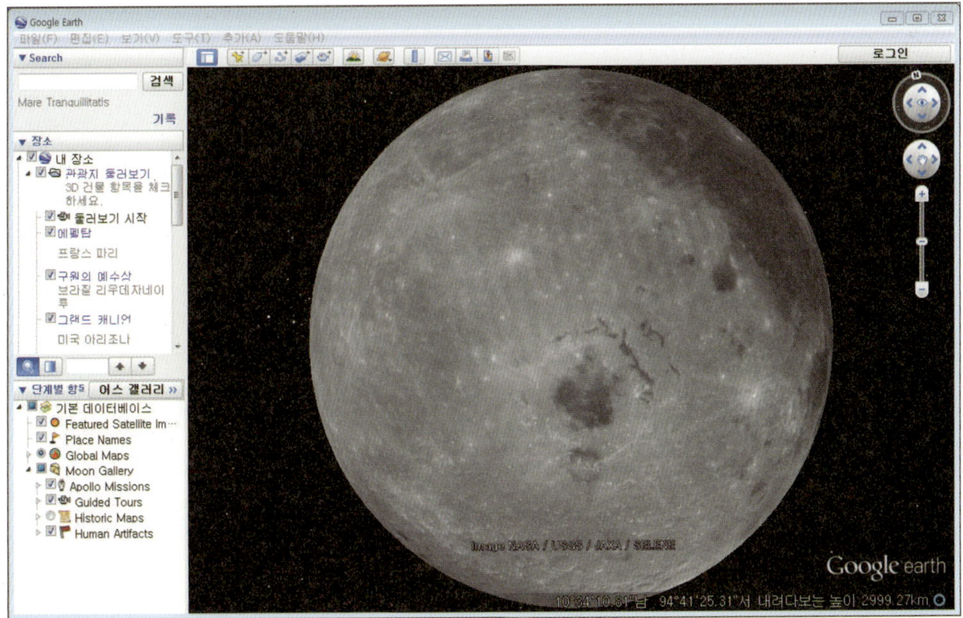

인터넷 여행기

- 국가 기관 사이트를 방문하여 보자.
- 정보검색으로 정보 찾기를 사용해 보자.

월 일

헌법재판소의 역할에 대해 알아보아요.

1. '네이버' 홈페이지에서 '어린이 헌법재판소'를 검색 또는 홈페이지 주소 'kids.ccourt.go.kr'을 직접 입력하여 홈페이지에 접속합니다.

2. [재밌게 배워요 헌법·헌법재판]–[만화]를 클릭하여 헌법재판소가 무슨 일을 하는지 알아봅니다.

3. [플래시 게임]을 클릭하여 '헌법재판 스피드 퀴즈'를 풀어봅니다.

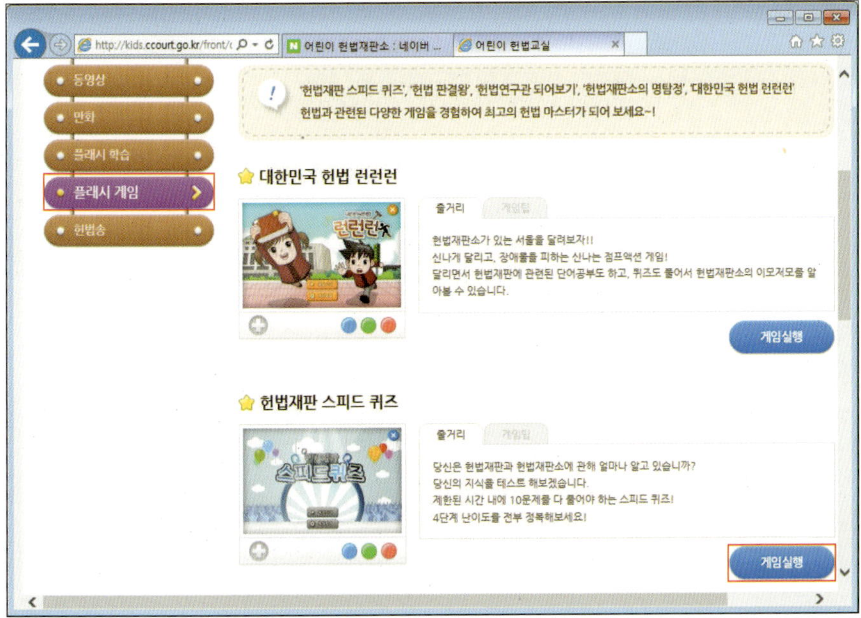

4. [함께해요 소식통]−[방명록]을 클릭하여 '어린이 헌법교실'의 방문소감을 적어
봅니다.

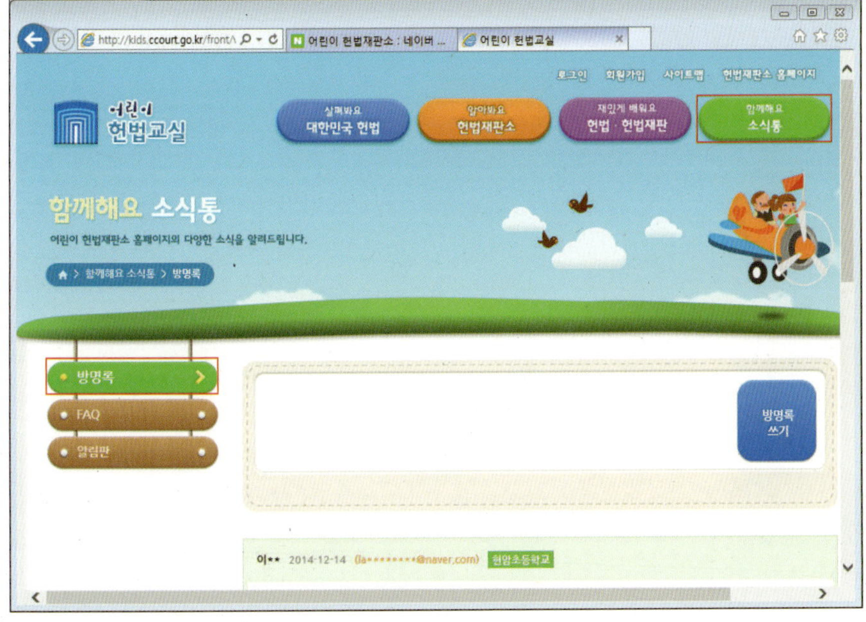

 # 어린이 환경과 건강에 대해서 알아보아요.

1. 홈페이지 주소 'www.chemistory.go.kr'을 입력하여 홈페이지에 접속합니다.

2. [어린이교실]-[케미이야기]-[우리집]을 클릭하여 유해물질 정보를 알아본 후 [케미퀴즈]-[케미퀴즈]를 클릭하여 퀴즈를 풀어봅니다.

혼자할 수 있어요!

1. '어린이 안전넷' 홈페이지에 접속하여 '어린이 안전넷'의 역할을 알아보고 [안전배움터]-[학교안전]-[운동장]을 확인해보세요.

한국소비자원 어린이 안전넷 http://www.isafe.go.kr

2. '기획재정부어린이청소년경제교실' 홈페이지에 접속하여 '기획재정부'의 역할을 알아보고 '경제실력 알아보기'를 클릭하여 문제를 풀어보세요.

기획재정부어린이청소년 http://kids.mosf.go.kr

동화속 주인공 되기

- 쥬니어네이버 사이트를 방문하여 보자.
- 재미있는 영어와 초등세상을 알아보자.

월 □ 일

 쥬니어네이버를 방문하여 살펴보아요.

1. [네이버] 홈페이지에서 '쥬니어네이버'를 검색 또는 홈페이지 주소 'jr.naver.com'을 직접 입력하여 홈페이지에 접속합니다.

2. [영어]를 클릭하여 'Hello English' 웹페이지로 이동합니다.

3. [연령별]–[8-9세]–[♪Sing]를 클릭하여 'The Bear'를 클릭하여 감상합니다.

4. [영역별]–[동화]–[8-9세]를 클릭하여 'Dinosaur dig'을 클릭하여 퍼즐을 풀고
동화를 감상합니다.

 # 초등세상을 방문하여 초등공부에 대해서 알아보아요.

1. 웹페이지 상단의 '배움'을 클릭한 후 '초등세상'을 클릭합니다.

2. [지니스쿨]을 클릭한 후 '흔들어 붐붐 젤리주스'를 클릭하여 맛있는 주스를 만들어 봅니다.

3. [초등공부방]을 클릭한 후 [1학년]-[2교시]-[공부하기]를 클릭하여 말의 느낌을
살려 시 읽기를 배워봅니다.

4. [한자대모험]을 클릭한 후 [쓰기한자]를 클릭하여 한자를 써 봅니다.

1. [쥬니어네이버]의 [동요세상]에서 [놀이동요] 페이지를 연 후 '나는 나는 자라서' 동영상을 감상해 보세요.

2. [쥬니어네이버]의 [동화여행]에서 [영어동화] 페이지를 연 후 'Cloud Bread' 동영상을 감상해 보세요.

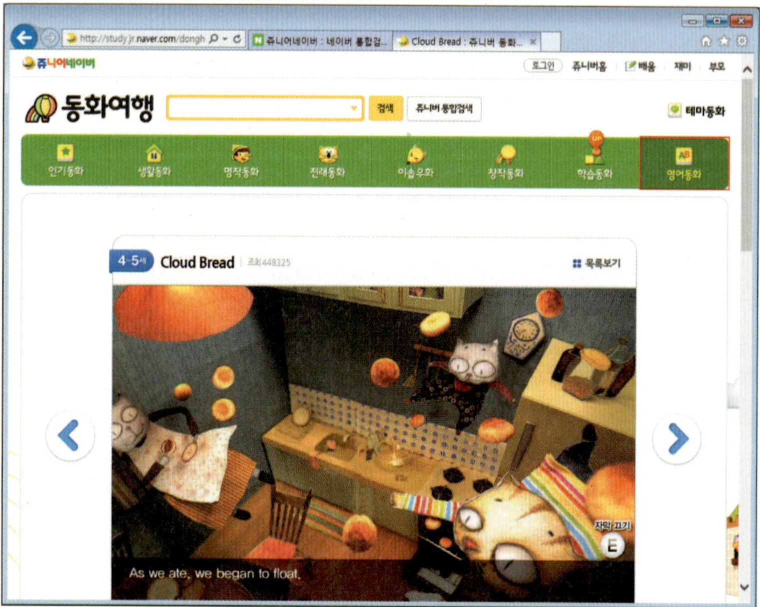

08강 지도 길잡이

- 지도로 여행을 떠나보자.
- 지도 홈페이지를 사용해 보자.

네이버지도로 검색해 보아요.

1. [네이버] 홈페이지에서 '네이버지도'를 검색 또는 홈페이지 주소 'map.naver.com'을 직접 입력하여 홈페이지에 접속합니다.

2. [검색] 입력란에 '하회마을'를 입력하고 [검색] 버튼을 클릭합니다.

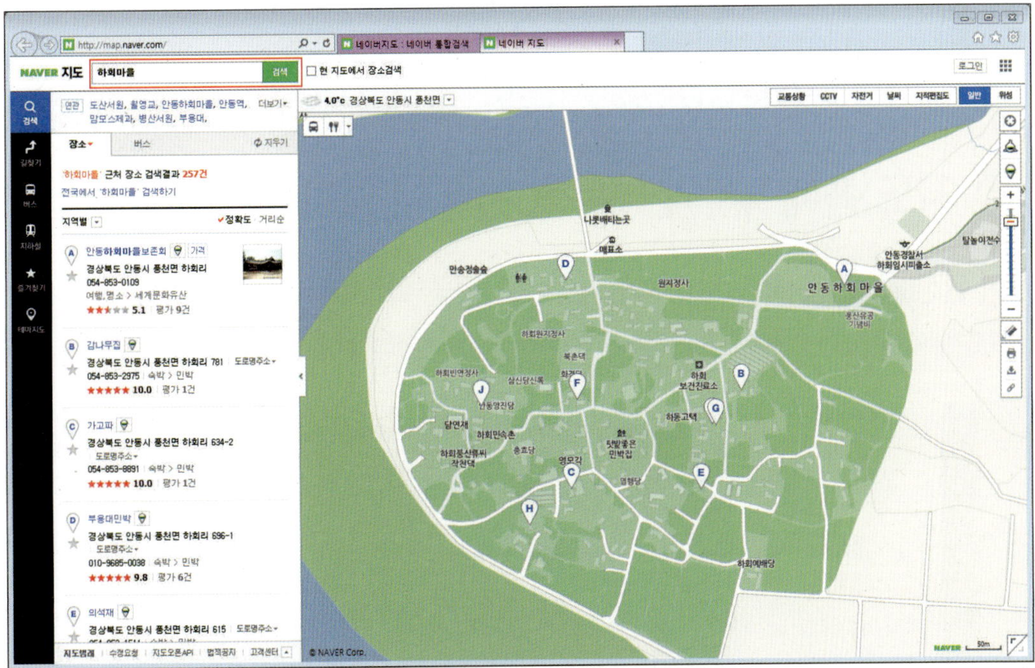

3. 왼쪽에 표시된 검색 결과에서 가보고 싶었던 건물 이름을 클릭합니다.

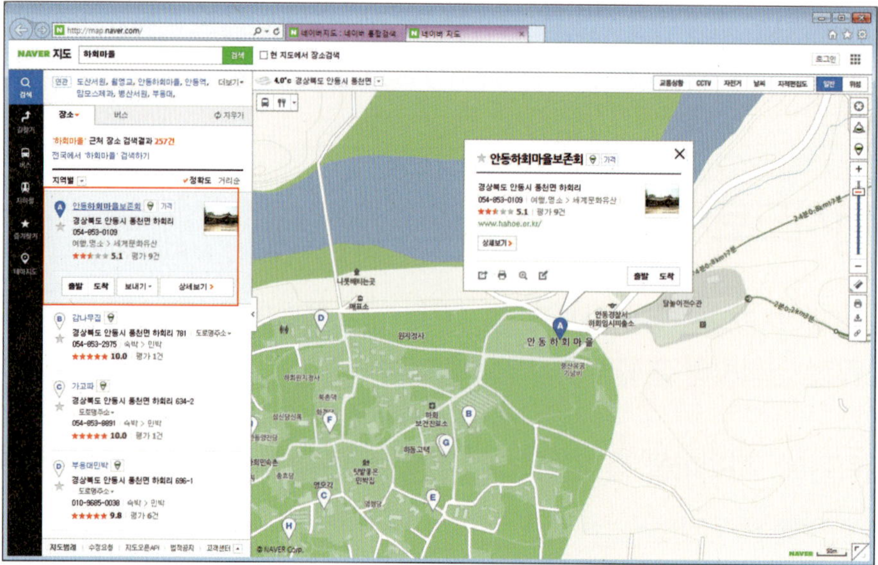

 지도 홈페이지의 메뉴를 사용해 보아요.

1. 위성(위성)을 클릭하여 지도의 위성사진을 확인합니다.

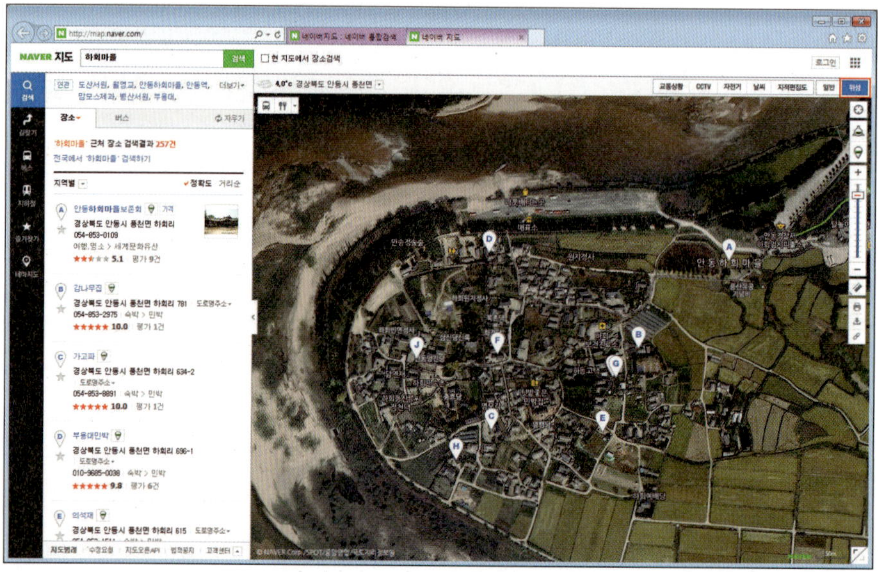

2. [길찾기]를 클릭한 후 '출발지를 입력하세요.'란에는 'N서울타워'를 입력하고 '도착지를 입력하세요.'란에는 '해운대'를 입력한 후 [길찾기]를 클릭합니다.

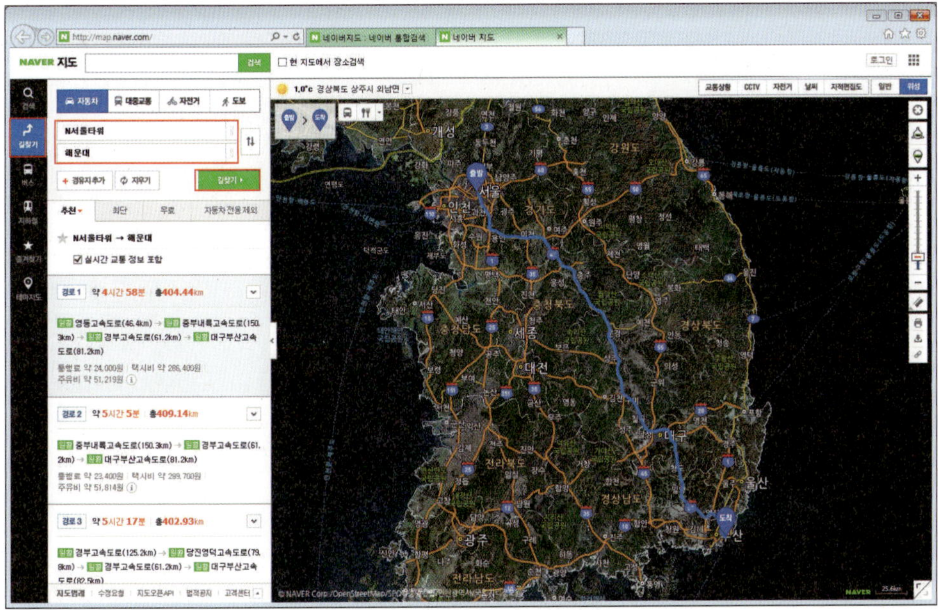

3. [테마지도]를 클릭한 후 '실시간 위성영상'을 클릭합니다.

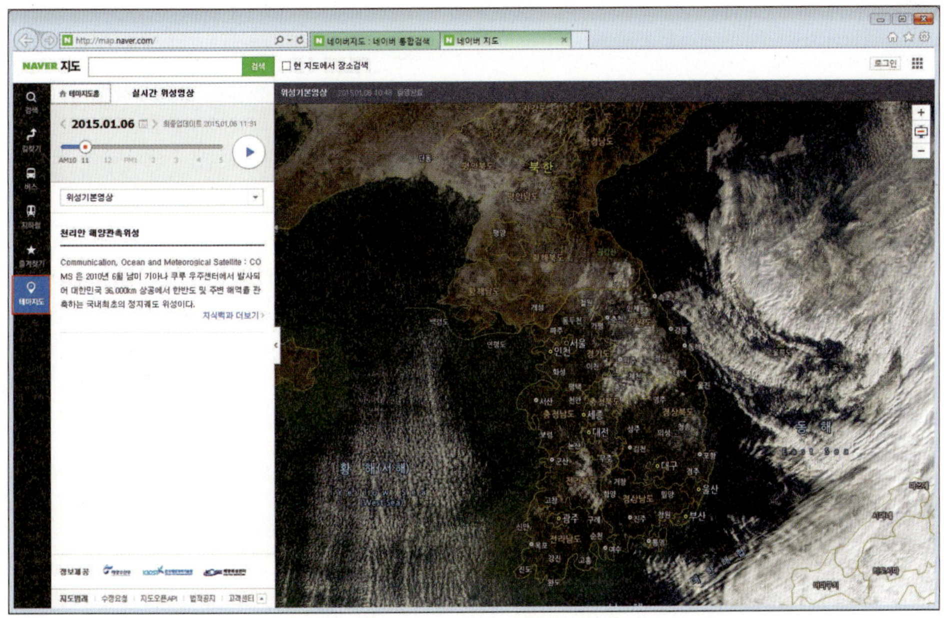

4. [검색]을 클릭한 후 입력란에 '국회의사당'을 검색한 후 '거리뷰( )'를 클릭하고
아래 그림과 같이 만들어 봅니다.

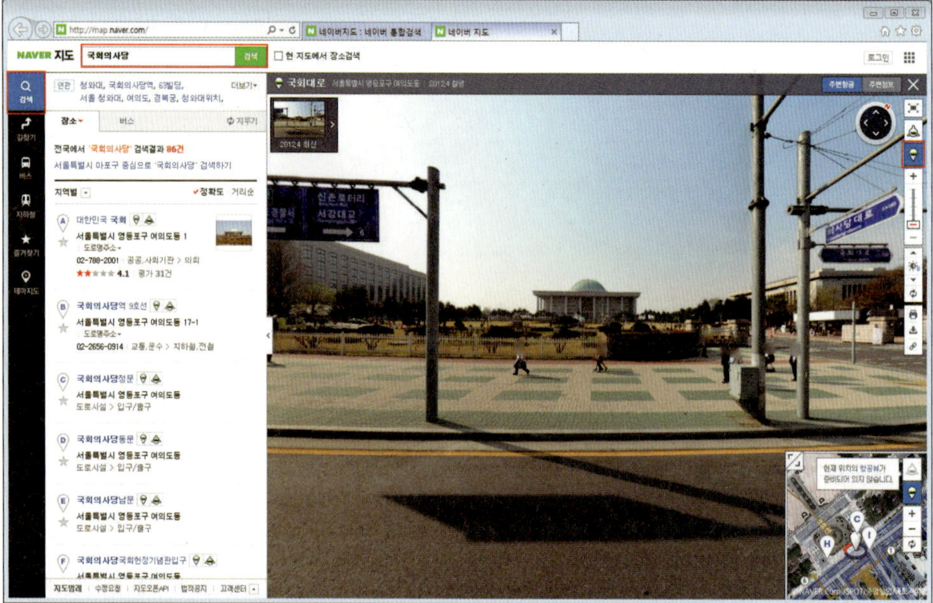

5. '항공뷰( )'를 클릭한 후 아래 그림과 같이 만들어 봅니다.

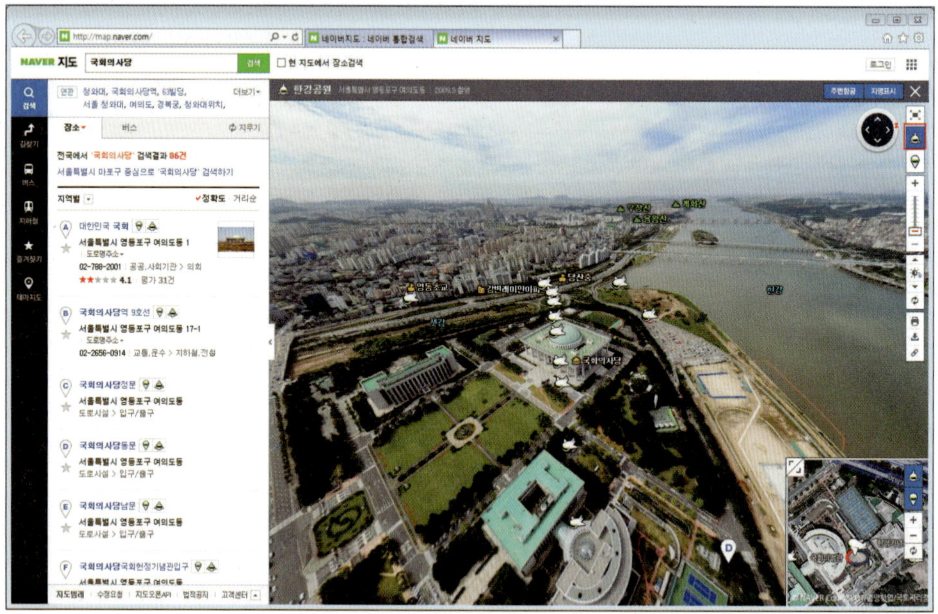

혼자할 수 있어요!

1. '경복궁'에서 출발하여 '창경궁'에 도착하는 길을 찾아본 후 '길이재기(🖊)'를 이용하여 길이를 재어 보세요.

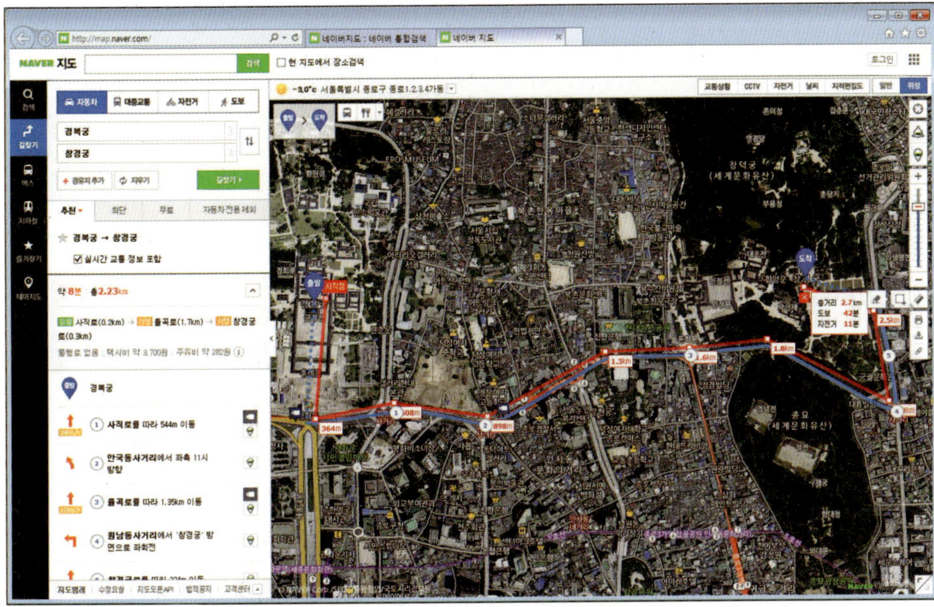

2. '경복궁'을 검색한 후 '거리뷰(🔵)'를 이용하여 아래 그림과 같이 만들어 보세요.

일기 예보를 알려주는 기상캐스터

□ 월 □ 일

- 기상청 홈페이지를 방문해 보자.
- 일기 예보를 알아보자.

 ## 기상청 홈페이지를 살펴보아요.

1. [네이버] 홈페이지에서 '기상청'을 검색 또는 홈페이지 주소 'www.kma.go.kr' 을 직접 입력하여 홈페이지에 접속합니다.

2. 날씨지도 상단의 [어제날씨], [오늘~모레], [중기예보], [영상], [북한날씨] 버튼을
   클릭하여 날씨를 확인합니다.

3. [현재날씨] 버튼을 클릭한 후 자신이 사는 지역을 클릭하여 날씨를 확인합니다.

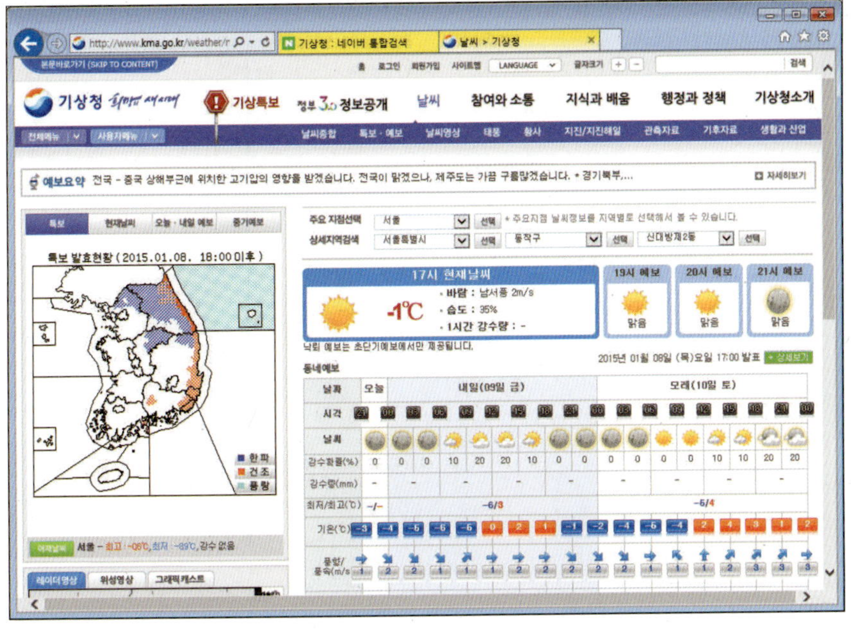

 **일기 예보를 알아보아요.**

1. 날씨지도 상단의 [특보], [현재날씨], [오늘·내일 예보] 버튼을 클릭하여 날씨를 확인합니다.

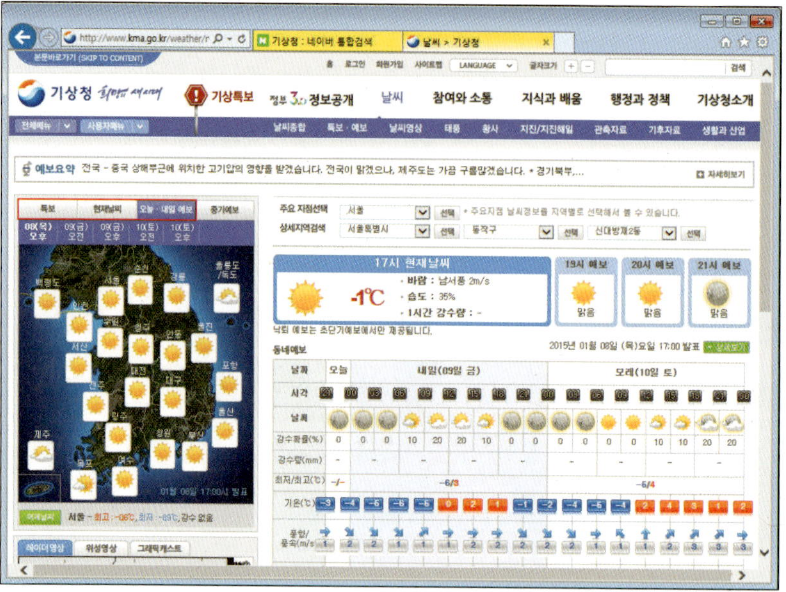

2. [중기예보] 버튼을 클릭한 후 날씨를 확인합니다.

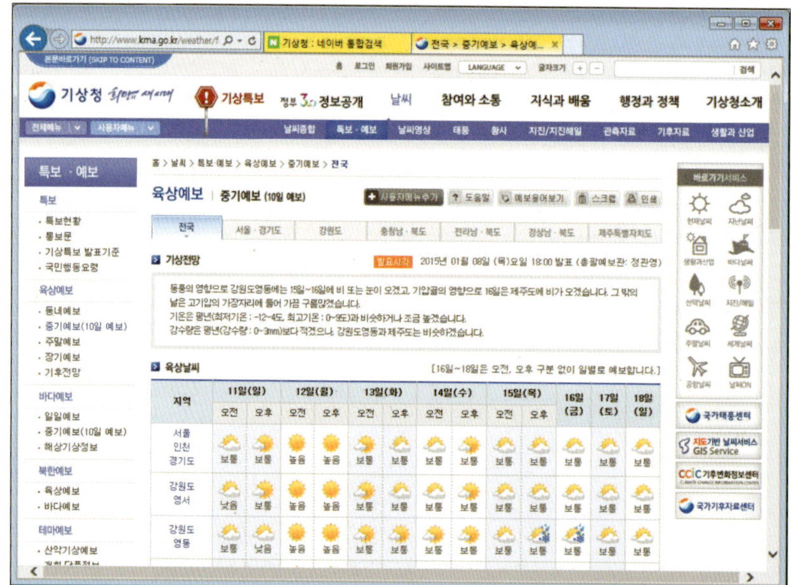

3. 자신이 사는 지역의 '육상날씨'와 '최저/최고기온(℃)' 보고 날씨에 해당하는 그림을 그린 후, 최저/최고 기온 등을 써서 주간예보 표를 완성합니다.

일별	주간예보									
	월	일	월	일	월	일	월	일	월	일
오전										
오후										
최저/최고	/		/		/		/		/	

4. [바로가기서비스]를 이용하여 다양한 날씨 정보를 확인합니다.

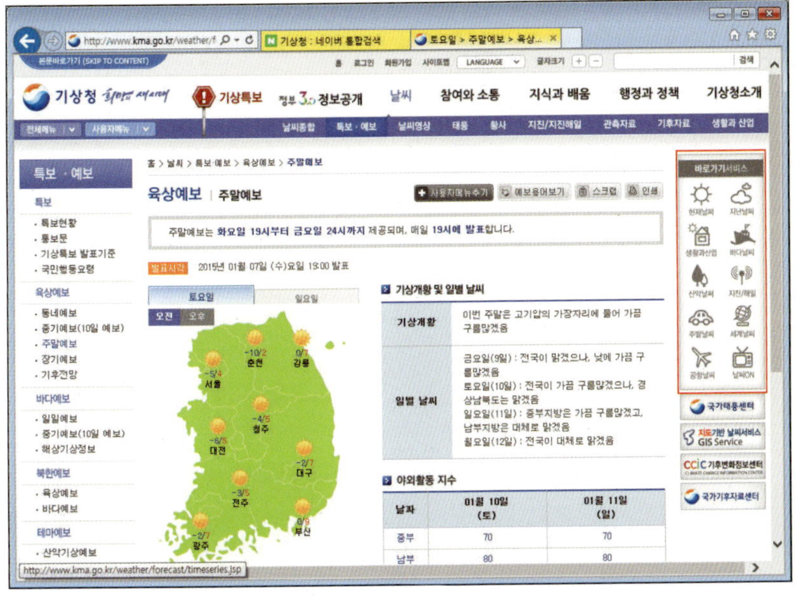

1. [바로가기서비스]의 [날씨ON]버튼을 클릭하여 날씨정보를 확인해 보세요.

2. [바로가기서비스]의 [세계날씨]버튼을 클릭하여 가장 기온이 높은 나라와 낮은 나라를 찾아보세요.

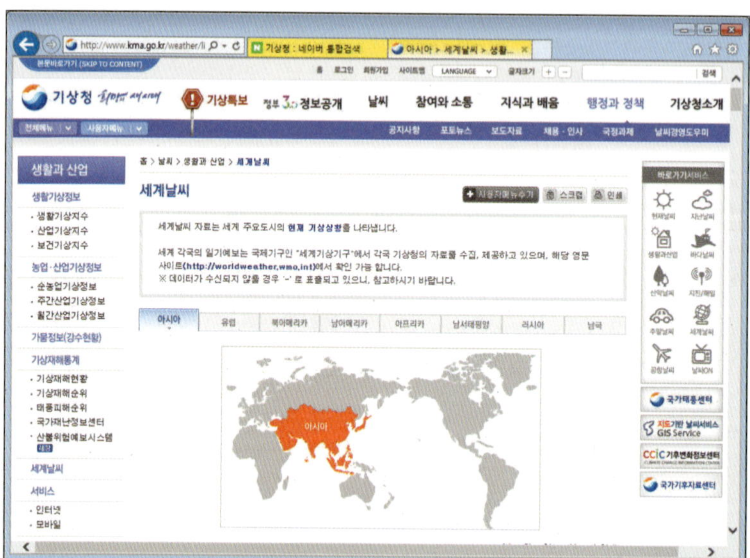

가장 기온이 높은 나라	가장 기온이 낮은 나라

인터넷만 있으면 나도 만화가

- 인터넷 그림을 복사하여 보자.
- 그림을 그림판을 이용해 수정해 보자.

 인터넷 그림을 복사해 보아요.

1. [네이버] 홈페이지에서 '소년조선일보'를 검색 또는 홈페이지 주소 'kid.chosun. com'을 직접 입력하여 홈페이지에 접속한 후 [만화천국/게임] 버튼을 클릭합니다.

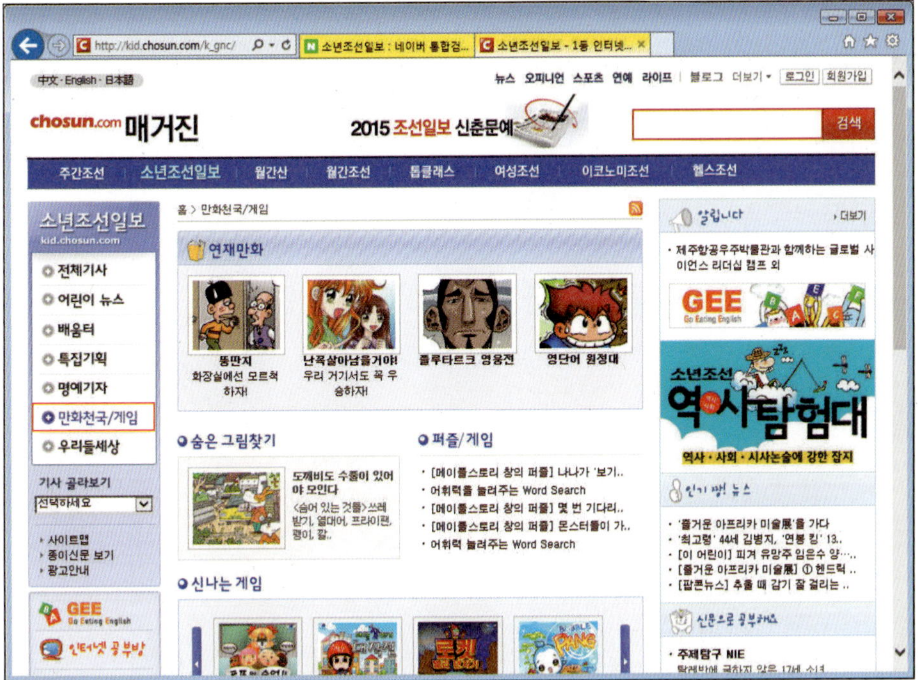

2. [연재만화]중에서 한 가지를 클릭합니다.

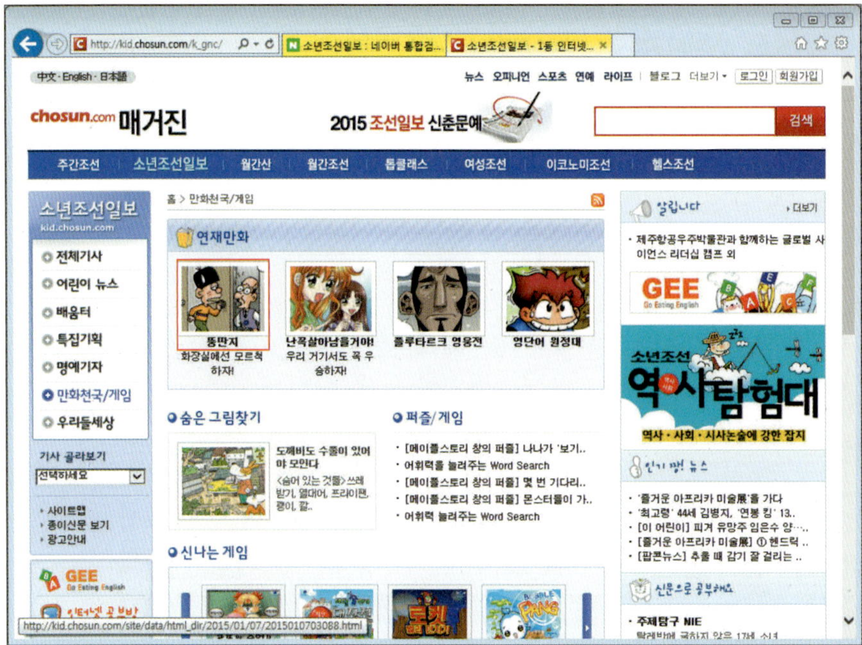

3. 만화에 마우스 오른쪽 버튼을 클릭한 후 [복사]를 클릭합니다.

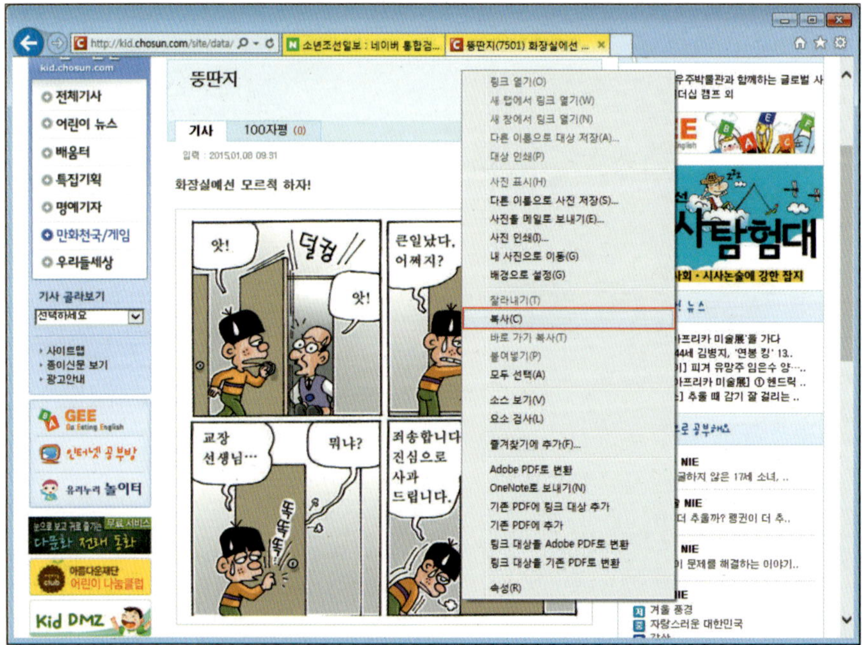

그림판을 이용해 그림을 수정해 보아요

1. [시작]-[모든 프로그램]-[보조프로그램]-[그림판]을 클릭한 후 [붙여넣기( )] 버튼을 클릭합니다.

2. 도구메뉴의 [지우개( )] 버튼을 클릭하여 만화의 대화 부분을 지웁니다.

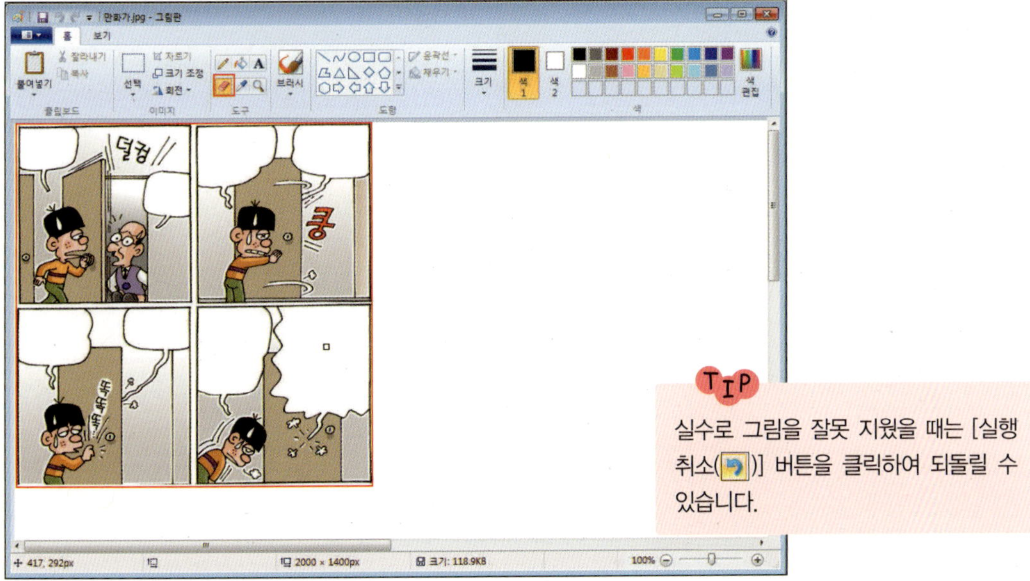

TIP

실수로 그림을 잘못 지웠을 때는 [실행 취소( )] 버튼을 클릭하여 되돌릴 수 있습니다.

3. 도구메뉴의 [텍스트(A)]를 클릭한 후 말풍선 칸을 클릭하고 글꼴을 '돋움', '8pt' 로 설정합니다.

4. 그림에 알맞은 대화를 입력하여 대화를 완성하고 저장합니다.

혼자할 수 있어요!

1. '소년조설일보' 홈페이지에서 제공하는 다른 만화를 컴퓨터에 저장하여 대사를 바꿔보세요.

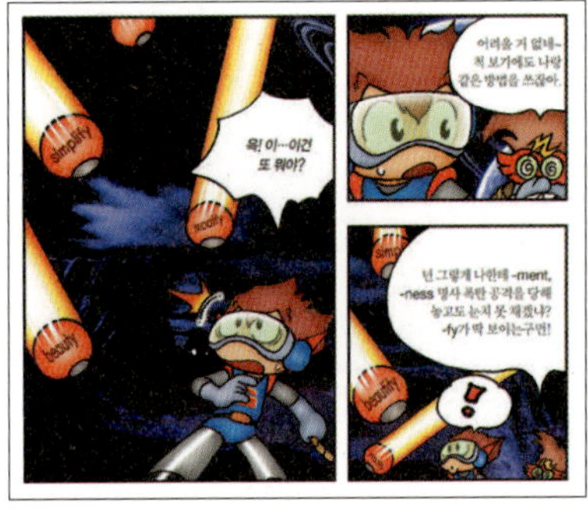

2. 가족사진 그림을 열어 찍은 날짜와 장소 등에 대한 설명을 적어보세요.

내가 사는 지역의 상징물

□ 월 □ 일

• 광역시도의 홈페이지를 살펴보자.
• 지역의 상징하는 것을 알아보자.

광역시도의 홈페이지를 방문해 보아요.

1. [네이버] 홈페이지에서 '서울특별시청'을 검색 또는 홈페이지 주소 'www.seoul. go.kr'을 직접 입력하여 홈페이지에 접속합니다.

2. [서울소개]-[서울의 상징물]을 클릭하여 서울시의 휘장을 확인합니다.

3. [슬로건], [브랜드], [색], [심벌], [꽃·나무·새] 버튼들을 클릭하여 살펴본 후 [서체]
-[TTF 일반사용자(윈도우용)]에서 [자동설치버전] 버튼을 클릭하여 사용합니다.

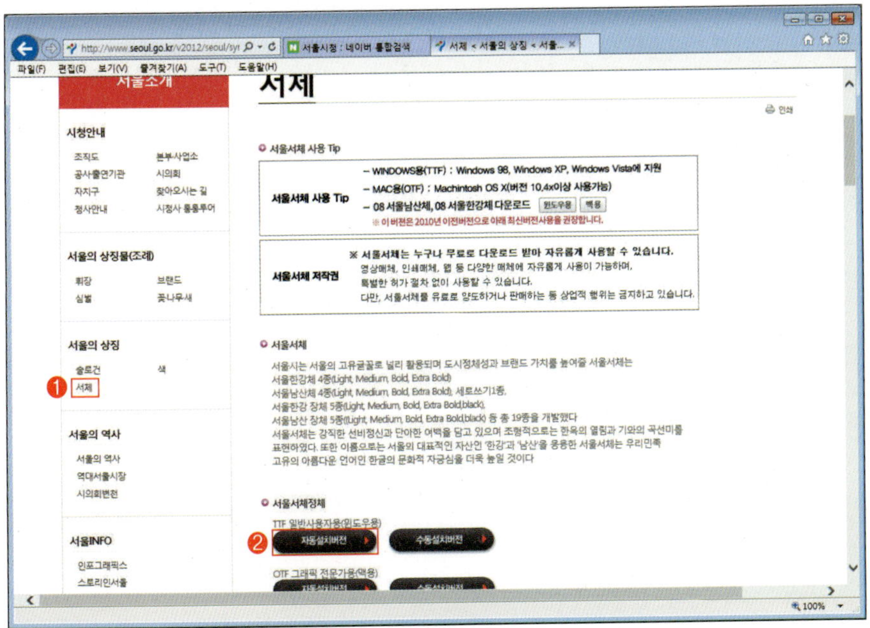

 # 자신이 사는 지역의 상징물을 알아보아요.

1. 16개의 각 시도의 홈페이지를 [네이버] 홈페이지에서 검색하여 적어놓습니다.

시/도	시/도청 홈페이지 주소
서울특별시	
부산광역시	
대구광역시	
인천광역시	
광주광역시	
대전광역시	
울산광역시	
경기도	
강원도	
경상남도	
경상북도	
전라남도	
전라북도	
충청남도	
충청북도	
제주특별자치도	

 시/도청의 상징물을 검색하고 찾은 결과를 표의 빈칸에 채웁니다.

시/도	상징 식물	상징 동물	시/도	상징 식물	상징 동물
서울특별시			강원도		
부산광역시			경상남도		
대구광역시			경상북도		
인천광역시			전라남도		
광주광역시			전라북도		
대전광역시			충청남도		
울산광역시			충청북도		
경기도			제주특별 자치도		

TIP

시/도의 상징물이 없는 경우에는 해당 칸을 비워둡니다.

혼자할 수 있어요!

1. 우리가 사는 구/군청 홈페이지를 접속하여 주민들을 위해 진행하는 행사나 교육 프로그램에 무엇이 있는지 알아보세요.

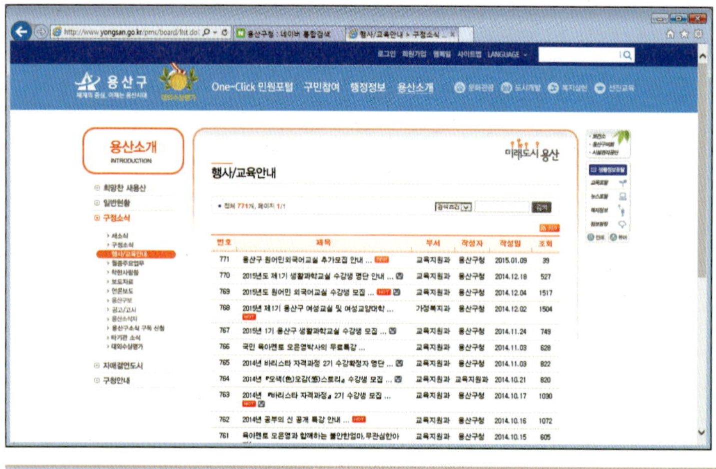

구/군청 홈페이지 주소	
진행 중인 행사	
교육프로그램	

2. 우리가 사는 읍/면/동사무소의 홈페이지를 접속하여 주민들을 위해 진행하는 행사나 교육프로그램에 무엇이 있는지 알아보세요.

읍/면/동 홈페이지 주소	
진행 중인 행사	
교육프로그램	

어린이 통계동산 소풍 가기

□ 월 □ 일

- 통계의 기본 개념과 우리나라 통계 정보를 알아보자.
- 통계 정보를 이용해 차트를 만들어 보자.

🌼 실습파일 : pyramid.zip

어린이 통계동산 홈페이지를 살펴보아요.

1. [네이버] 홈페이지에서 '어린이 통계동산'을 검색 또는 홈페이지 주소 'kostat. go.kr'을 직접 입력하여 홈페이지에 접속한 후 [통계란?] 버튼을 클릭합니다.

2. [동영상강의] 버튼을 클릭하고 [보안 경고]창에서 [예]버튼을 누른 후 동영상을 감상합니다.

3. '통계교육동영상'의 [닫기]버튼을 클릭한 후 [통계와도표]를 클릭하여 '꺽은선그 래프', '막대그래프', '원그래프'에 대해서 알아봅니다.

4. [참여마당]-[통계학습게임]을 클릭한 후 [다운로드]버튼을 눌러 게임을 받고 실행
시킨 다음 퀴즈를 풀어봅니다.

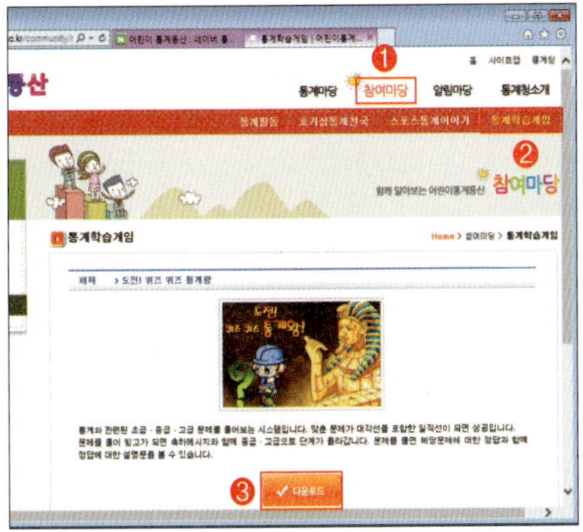

통계 정보를 이용해 차트를 만들어 보아요.

1. [통계활동]를 클릭한 후 '교통 안전 사고 예방'의 [동영상보기] 버튼을 클릭합니다.

2. [시작]-[모든 프로그램]-[보조프로그램]-[워드패드]를 클릭한 후 '교통안전사고 예방.rtf' 파일을 엽니다.

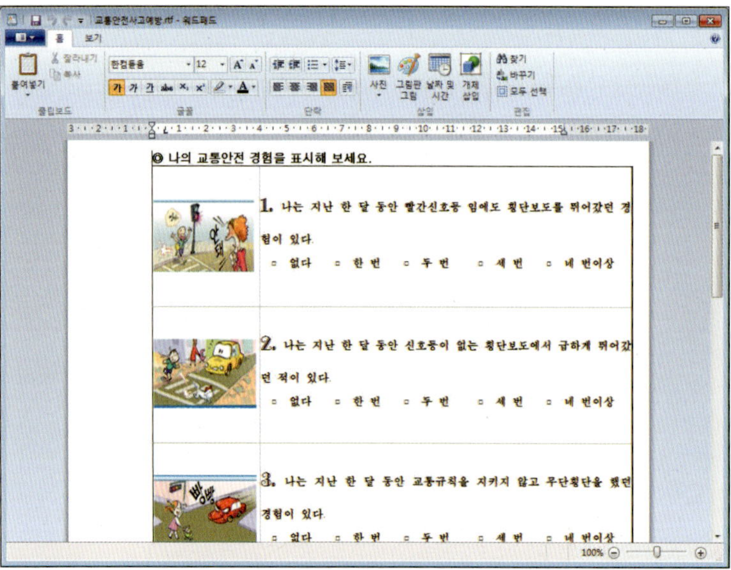

3. 문항을 읽고 해당하는 문항에 [텍스트 색(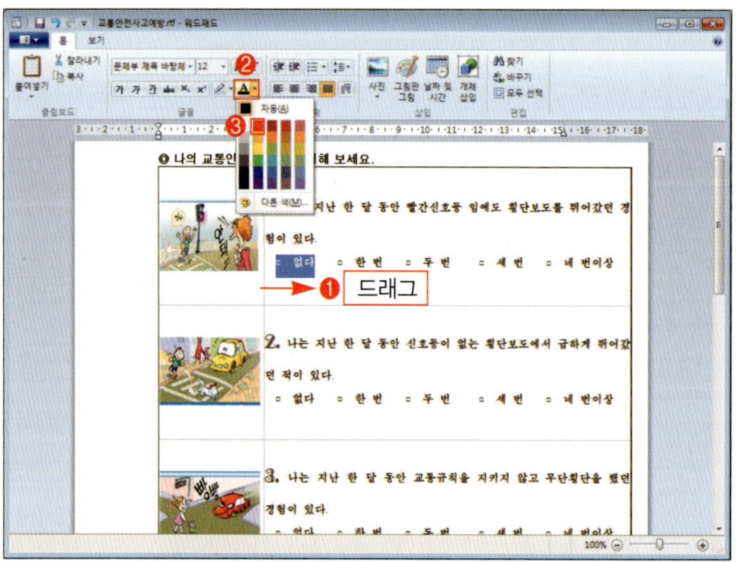)]을 이용하여 '생생한 빨강'으로 설정합니다.

4. 친구들의 설문지를 집계하여 통계숫자를 칠판에 적어봅니다.

혼자할 수 있어요!

1. [참여마당]-[통계학습게임]버튼을 클릭한 후 '신비로의 시그마월드' 홈페이지에 접속한 후 [클라이언트 다운로드] 버튼을 클릭하여 저장해 보세요.

2. 'Install.msi'를 이용해 게임을 설치한 후 [게임 바로 시작] 버튼을 클릭하여 생태계를 최적의 환경으로 유지해 보세요.

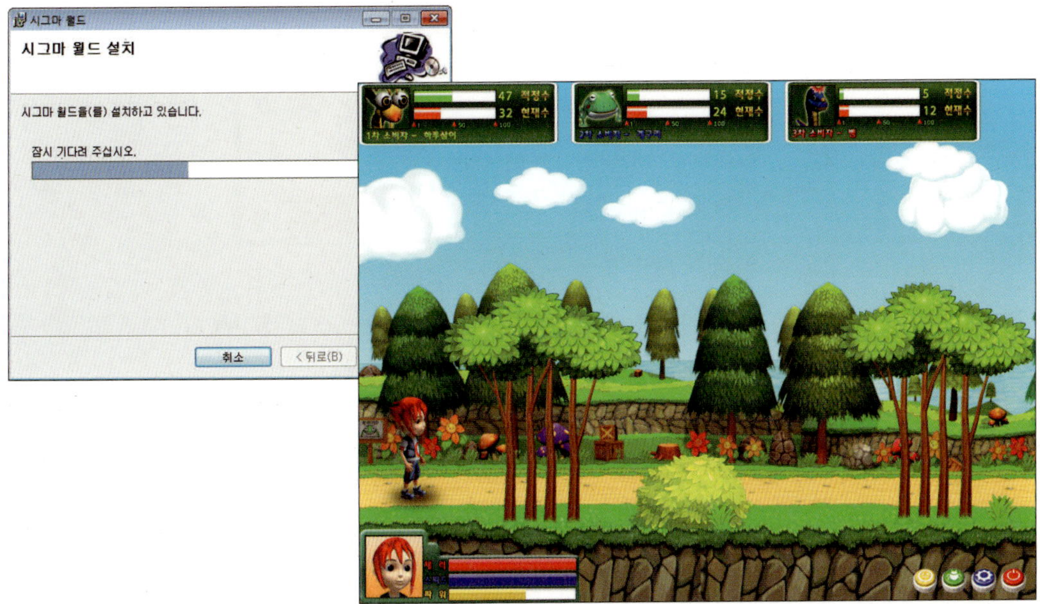

인터넷 예절 교실

월 일

- 인터넷 예절에 대해 알아보자.
- 스티커 메모에 배운 것을 메모하여 보자.

인터넷 윤리를 배워보아요.

1. [네이버] 홈페이지에서 '인터넷윤리시간'을 검색 또는 홈페이지 주소 'study.jr. naver.com'을 직접 입력하여 홈페이지에 접속합니다.

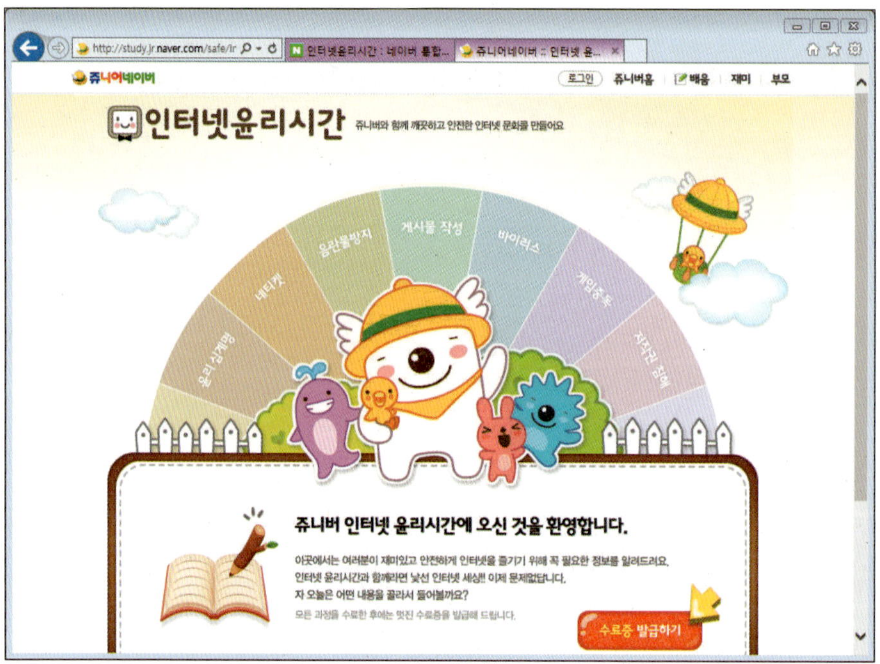

2. [수료증 발급하기]를 클릭한 후 '인터넷 윤리시간 수료증 받기 테스트'를 한 후 결과를 확인합니다.

3. [네티켓]을 클릭하여 '네티켓'을 뜻을 알아보고 '대화 네티켓'을 확인합니다.

4. [게시판 네티켓], [자료실 네티켓], [이메일 네티켓], [게임 네티켓] 버튼을 클릭한 후 내용을 확인합니다.

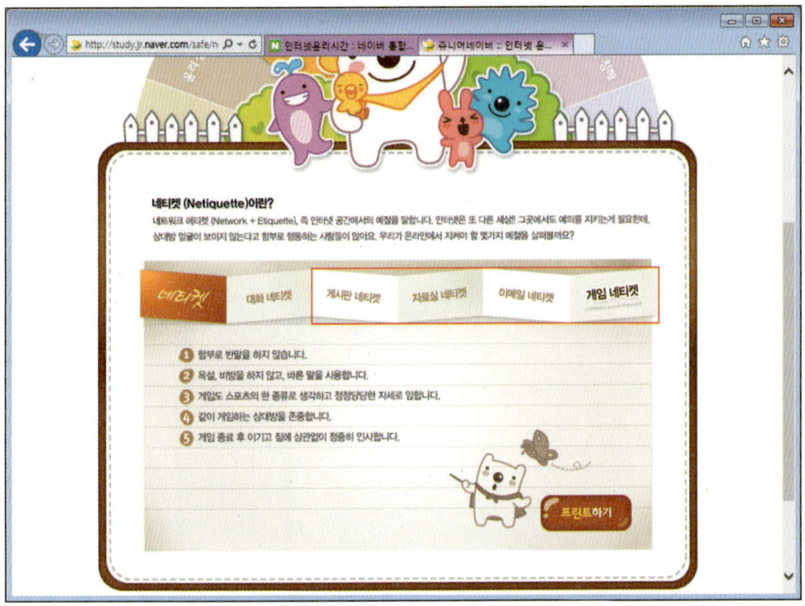

5. [음란물 방지]를 클릭한 후 '음란물 피해 예방'을 확인합니다.

6. [게시물 작성]을 클릭한 후 '덧글을 달 때 주의할 점은?'을 확인하고 [우리 모두 바른말을 사용해요]를 클릭하여 퀴즈를 풀어봅니다.

메모장에 배운 것을 메모해 보아요.

1. [시작]–[모든 프로그램]–[보조프로그램]–[스티커 메모]를 클릭합니다.

2. [바이러스]를 클릭한 후 '컴퓨터 바이러스란?'을 확인합니다.

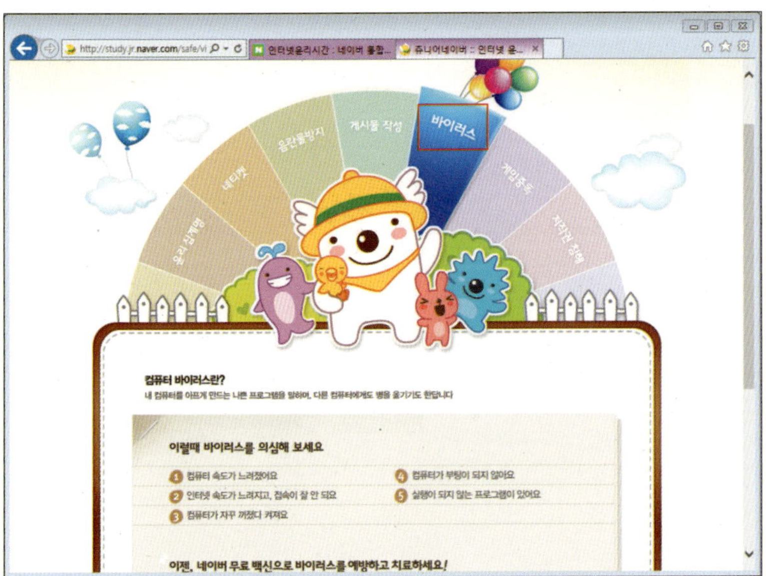

3. [스티커 메모]안에 배운 내용을 적은 후 창을 드래그하여 늘려봅니다.

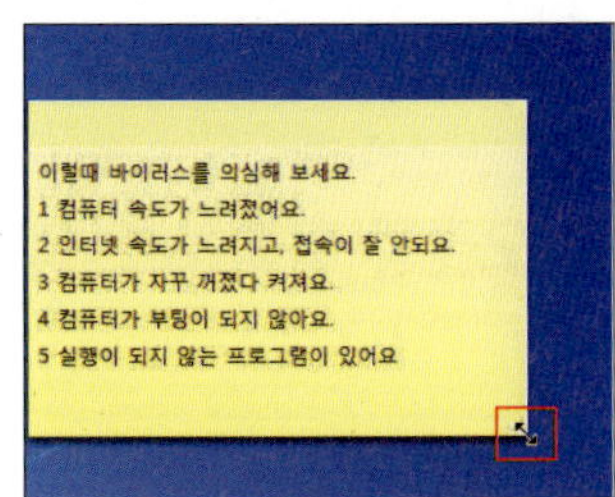

4. [새 메모] 버튼을 클릭하여 [스티커 메모] 창을 하나 더 만듭니다.

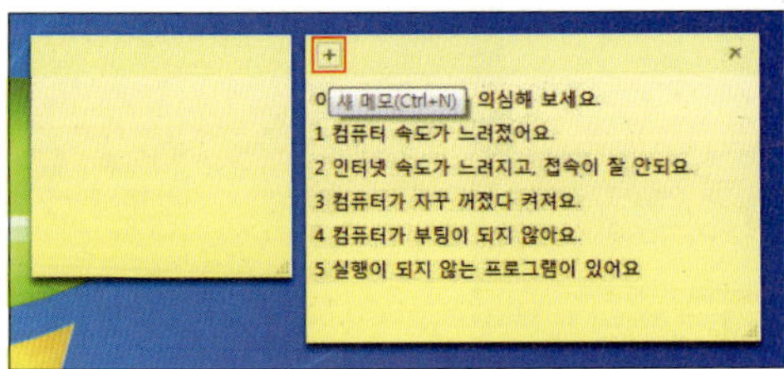

5. [게임중독]을 클릭한 후 [중독정도 진단하기]를 테스트하고 [게임 중독 예방 수칙]을 클릭하여 '게임 중독을 예방하려면?'을 확인합니다.

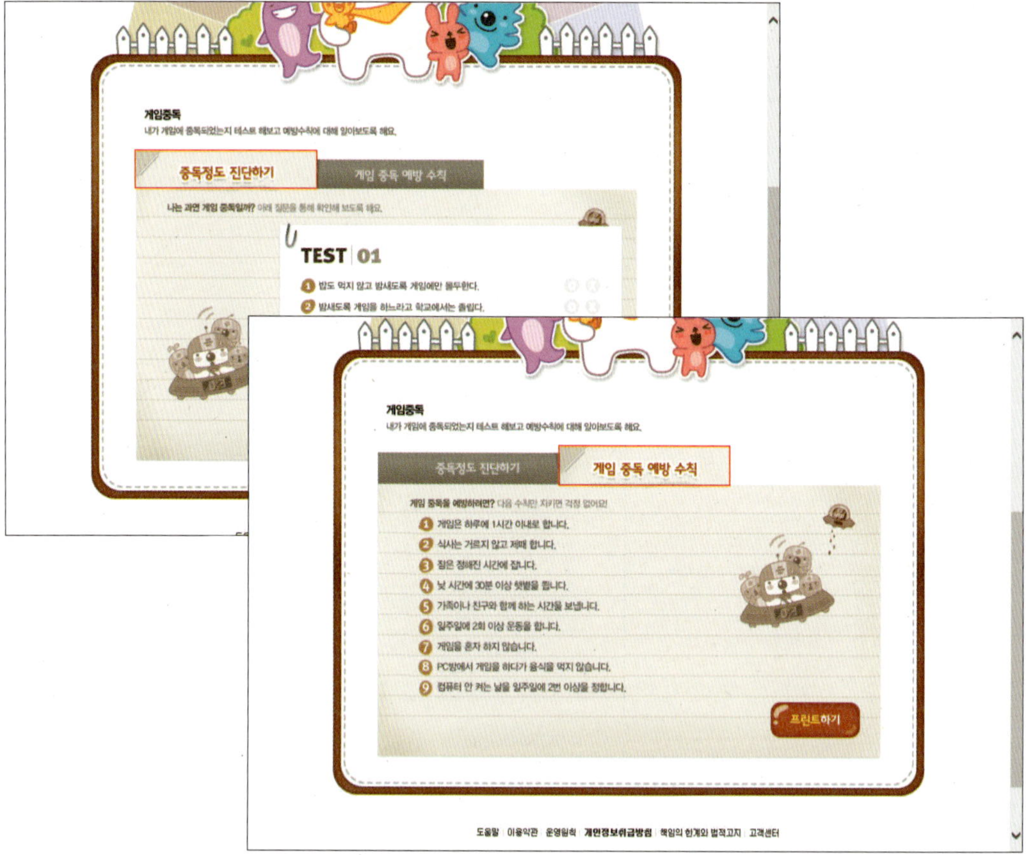

6. [게임 중독 예방 수칙]의 배운 내용을 메모장에 적은 후 오른쪽 클릭하고 '파랑'을 클릭합니다.

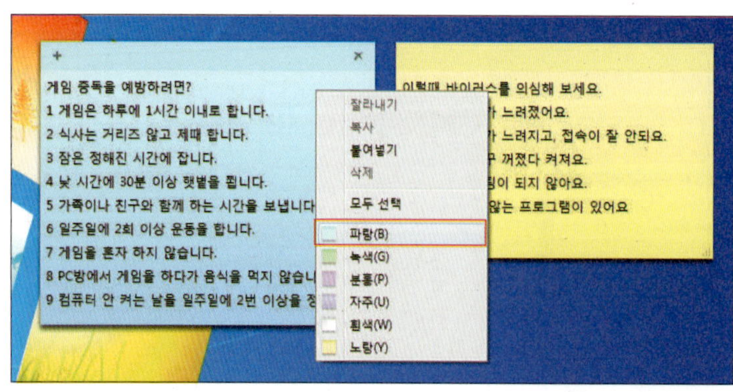

혼자할 수 있어요!

1. [저작권 침해]를 클릭한 후 문제를 풀어보아요.

2. [스티커 메모] 창에 정답을 적은 후 아래 그림과 같이 설정해 보아요.

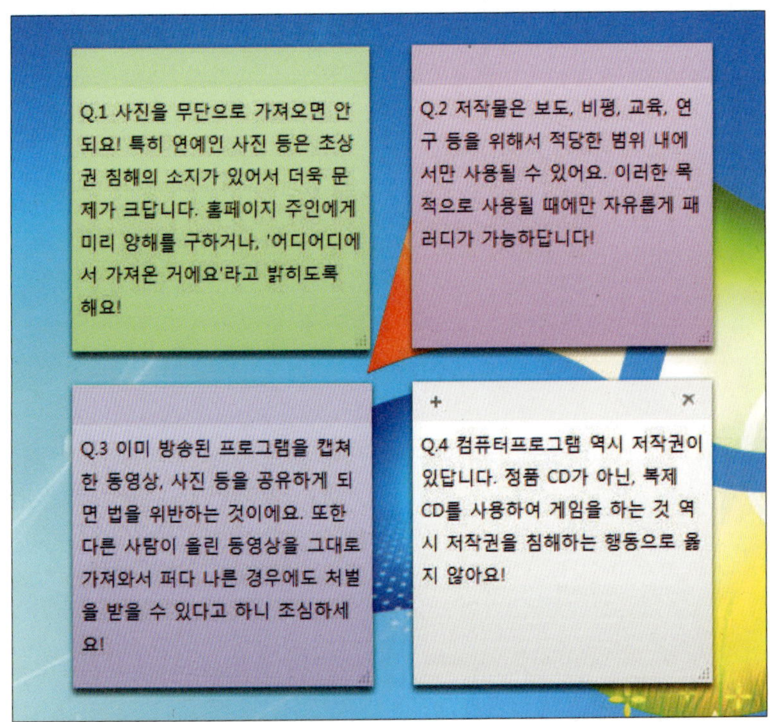

인터넷 안전학습

• 어린이경찰청을 방문해 보자.
• 어린이안전넷을 방문해 보자.

 ## 어린이 경찰청 홈페이지를 살펴보아요.

1. [네이버] 홈페이지에서 '어린이경찰청'을 검색 또는 홈페이지 주소 'kid.police.go.kr'을 직접 입력하여 홈페이지에 접속합니다.

2. [경찰이야기]-[무슨 일을 하시죠?]를 클릭하여 생명과 재산을 보호해주는 경찰의 업무를 살펴봅니다.

3. [포돌이 포순이]를 클릭한 후 유래를 알아보고 [다운로드]를 클릭하여 마음에 드는
캐릭터를 다운받습니다.

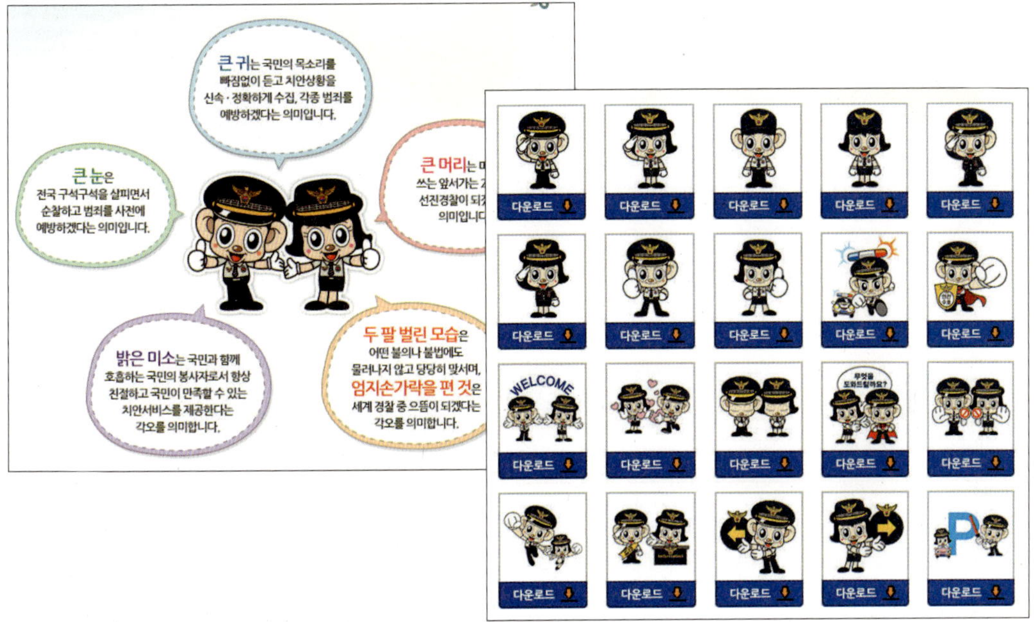

4. [우리집 근처 경찰서는?]을 클릭한 후 자신의 집 근처에서 가장 가까운 경찰서를
알아봅니다.

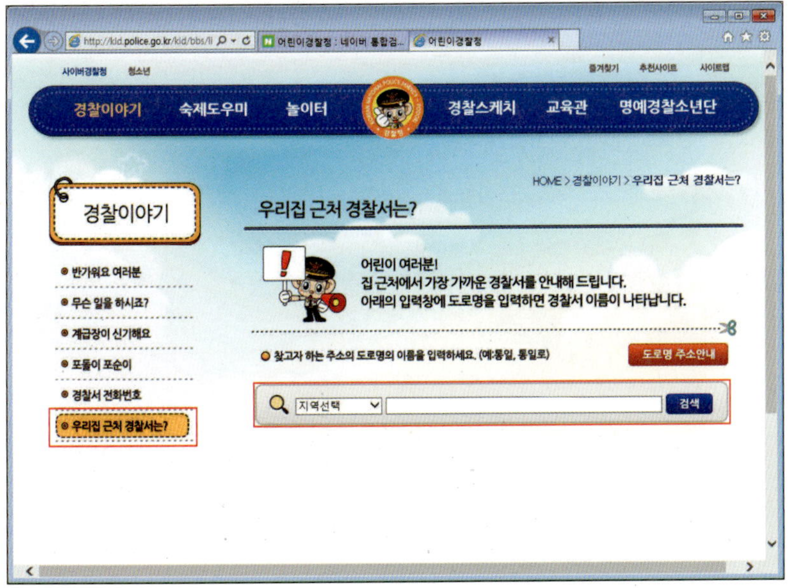

5. [놀이터]-[재미있는 게임]-[교통안전 체험하기]-[게임 시작하기]를 클릭하여 안
전규칙을 지키지 않고 건너는 아이들을 클릭해 봅니다.

6. [경찰스케치]-[사진으로 보는 경찰]을 클릭하여 24시간 쉬지 않고 활동하는 경찰
관을 만나봅니다.

어린이안전넷 홈페이지를 살펴보아요.

1. [네이버] 홈페이지에서 '어린이안전넷'을 검색 또는 홈페이지 주소 'www.isafe. go.kr'을 직접 입력하여 홈페이지에 접속합니다.

2. [어린이안전넷]-[안심이소개]를 클릭하여 '안심이'에 대해서 알아본 후 [안전정보]-[어린이 안전 통계]-[그래프로 보는 사고정보]를 클릭합니다.

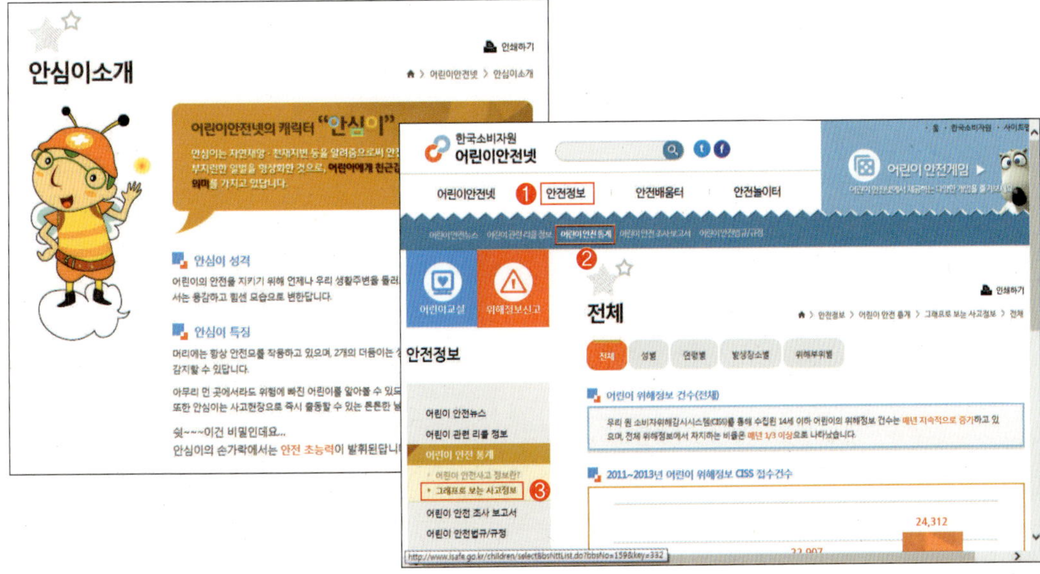

3. [성별], [연령별], [발생장소별], [위해부위별]의 통계를 확인하여 아래 표칸을 채웁니다.

위해순위	성별	연령별	발생장소별	위해부위별
1위				
2위				
3위				
4위				
5위				
6위				

4. [안전배움터]–[어린이교실]–[학교안전]을 클릭한 후 '교실/창문'을 클릭합니다.

혼자할 수 있어요!

1. '어린이경찰청' 홈페이지에서 [교육관]-[교통안전게임 카오리스]를 클릭한 후 게임을 다운로드 받아 실행시키고 교통나라의 질서를 바로잡아보아요.

2. '어린이안전넷' 홈페이지에서 [안전배움터]-[어린이교실]-[화재안전]을 클릭한 후 '어린이 소방안전교육'을 클릭하여 동영상을 시청해 보아요.

인터넷 사전 활용하기

- 네이버 사전을 방문해 보자.
- 영어를 공부해 보자.

 **네이버사전 홈페이지를 방문해 보아요.**

1. [네이버] 홈페이지에서 [사전]을 클릭 또는 홈페이지 주소 ‘dic.naver.com’을 직접 입력하여 홈페이지에 접속합니다.

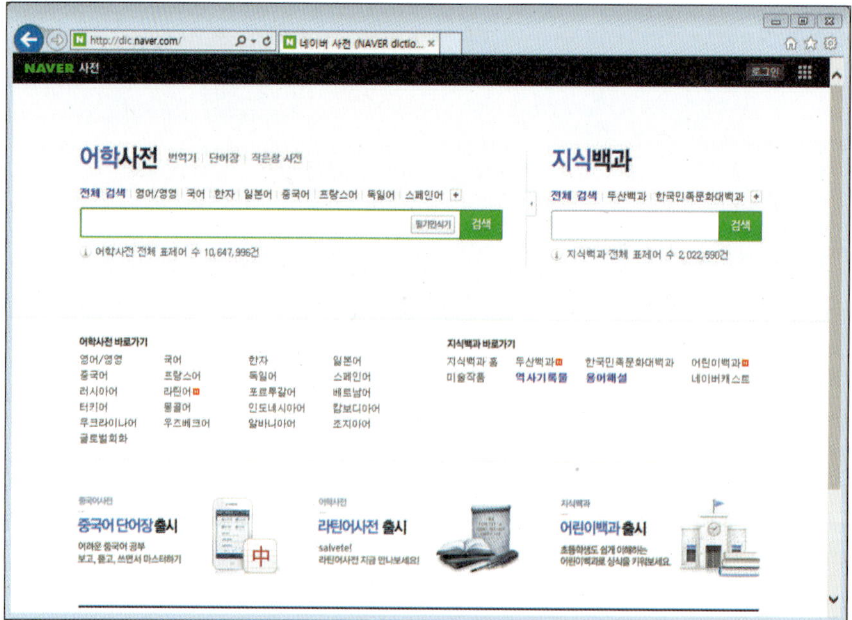

2. ‘어학사전’ 검색란에 ‘바나나’를 검색합니다.

3. '바나나' 검색 결과를 확인한 후 [스피커( )] 모양의 버튼을 클릭하여 '바나나' 의 발음을 들어 봅니다.

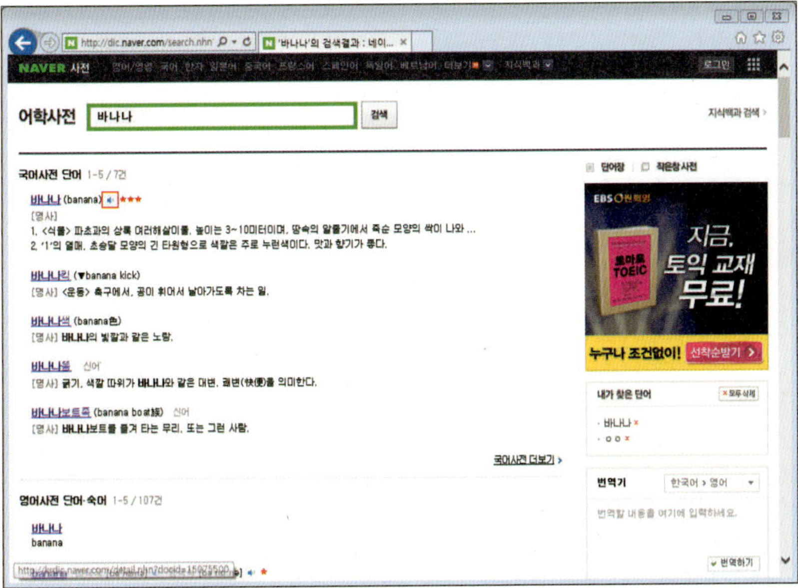

4. [국어]를 클릭한 후 단어, 맞춤법/표기법, 예문, 본문에 어떻게 쓰이는지 확인합 니다.

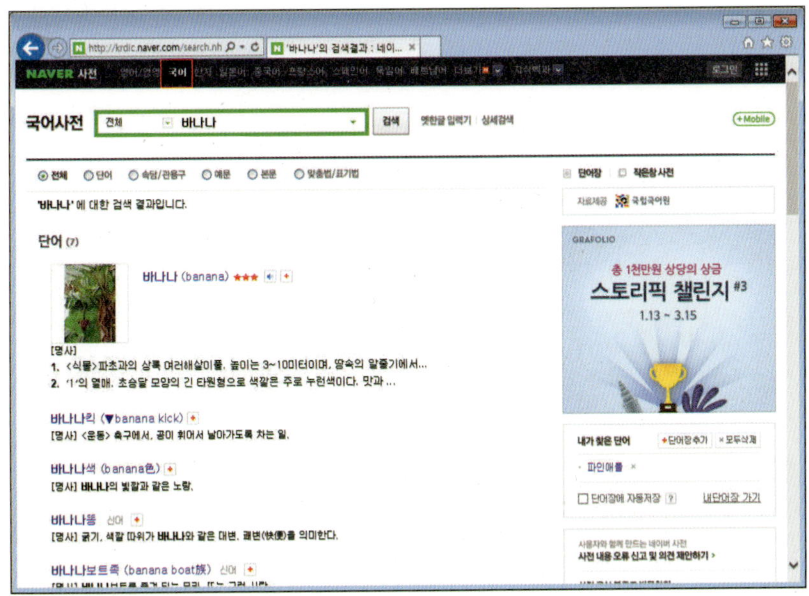

5. [한자], [일본어], [중국어]를 클릭하여 '바나나'를 뜻하는 각국의 단어와 발음을 확인합니다.

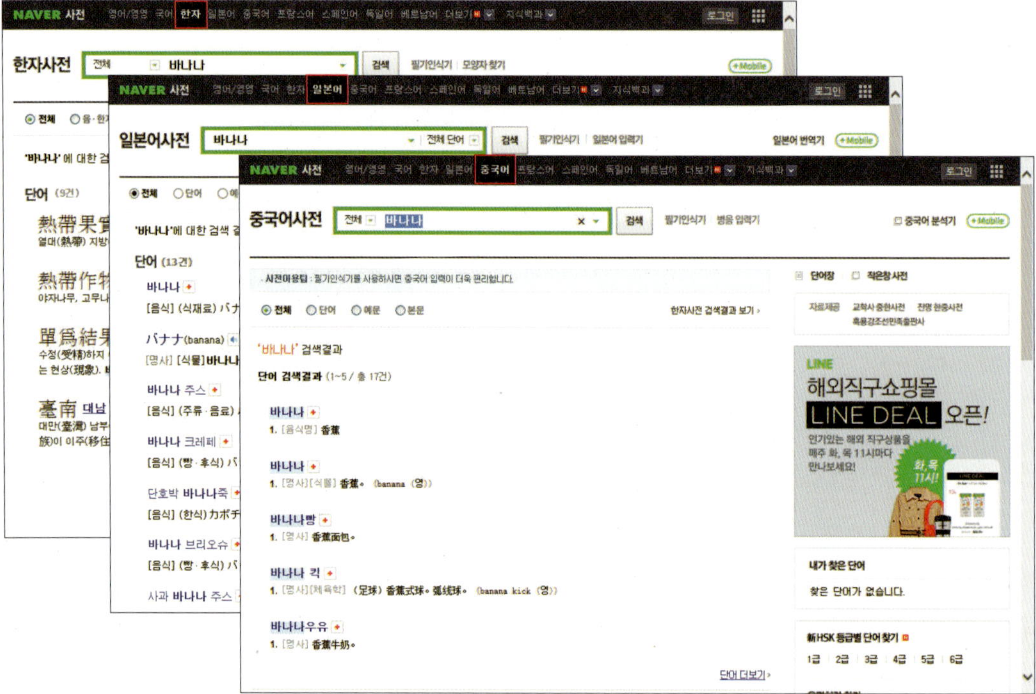

6. [작은창 사전]을 클릭하여 '작은창 사전'을 실행시킨 후 '양'을 검색합니다.

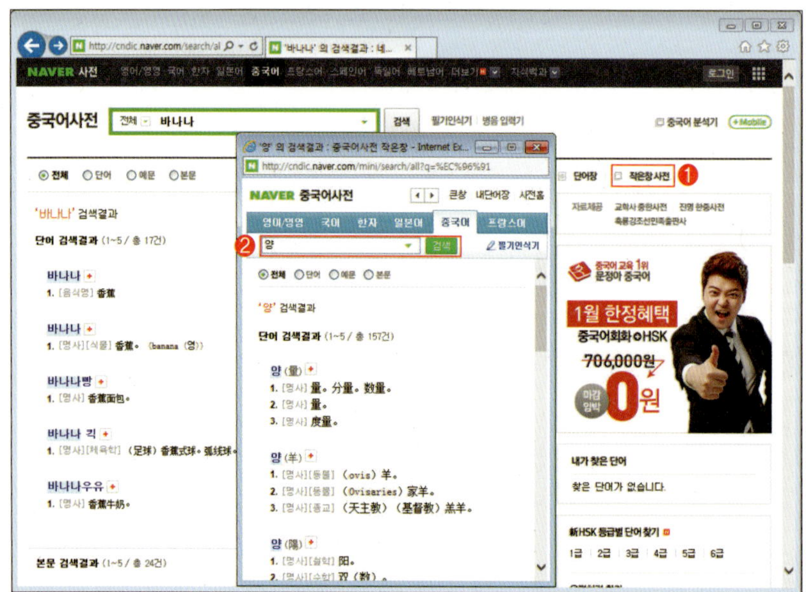

 # 네이버사전을 이용해 영어를 공부해 보아요.

1. [영어/영영]을 클릭한 후 '파인애플' 을 검색합니다.

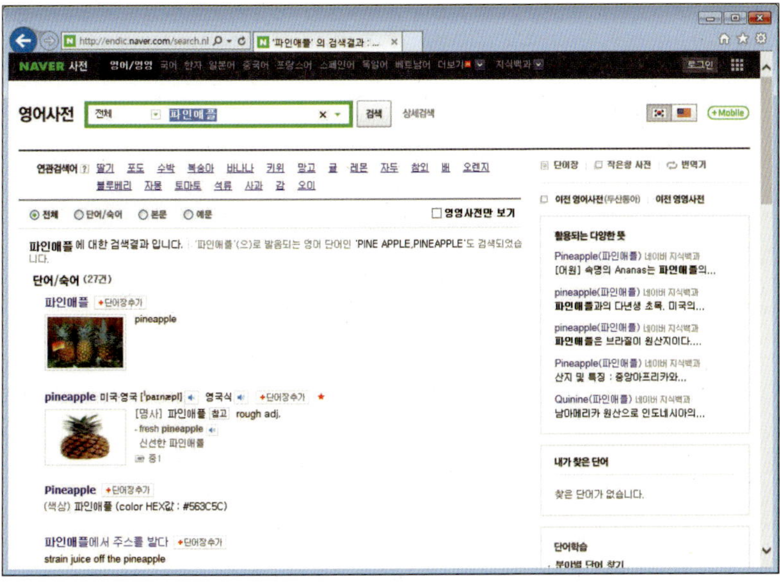

2. '파인애플' 의 단어/숙어, 본문, 예문, 변역 결과를 확인한 후 [스피커()] 모양
의 버튼을 클릭하여 '파인애플' 의 미국·영국 발음과 영국식 발음을 들어 봅니다.

혼자할 수 있어요!

1. '네이버사전'을 이용하여 다음 표의 빈칸을 채워 보세요.

한글	영어	한글	일본어
나무		연필	
날씨		지우개	
구름		시계	
사전		신발	

한글	한자	한글	프랑스어
학교		등교	
학생		가정	
선생님		식구	
교실		부모님	

2. '네이버사전'을 이용하여 아래의 퀴즈를 풀어 보세요.

가렴주구 •	• 당장 눈앞에 나타나는 차별만을 알고 그 결과가 같음을 모름의 비유
결초보은 •	• 가혹하게 세금을 거두거나 백성의 재물을 억지로 빼앗음
관포지교 •	• 죽어 혼이 되더라도 입은 은혜를 잊지 않고 갚음
각주구검 •	• 친구 사이의 매우 다정하고 허물없는 교제
조삼모사 •	• 판단력이 둔하여 융통성이 없고 세상일에 어둡고 어리석다는 뜻

16강 개인정보보호와 인터넷 중독 알아보기

- 개인정보 보호에 대해 알아보자.
- 인터넷 중독에 대해 알아보자.

월 □ 일 □

 ## 개인정보 보호에 대해 알아보아요.

1. [네이버] 홈페이지에서 '어린이개인정보보호교실'을 검색 또는 홈페이지 주소 'study.jr.naver.com'을 직접 입력하여 홈페이지에 접속합니다.

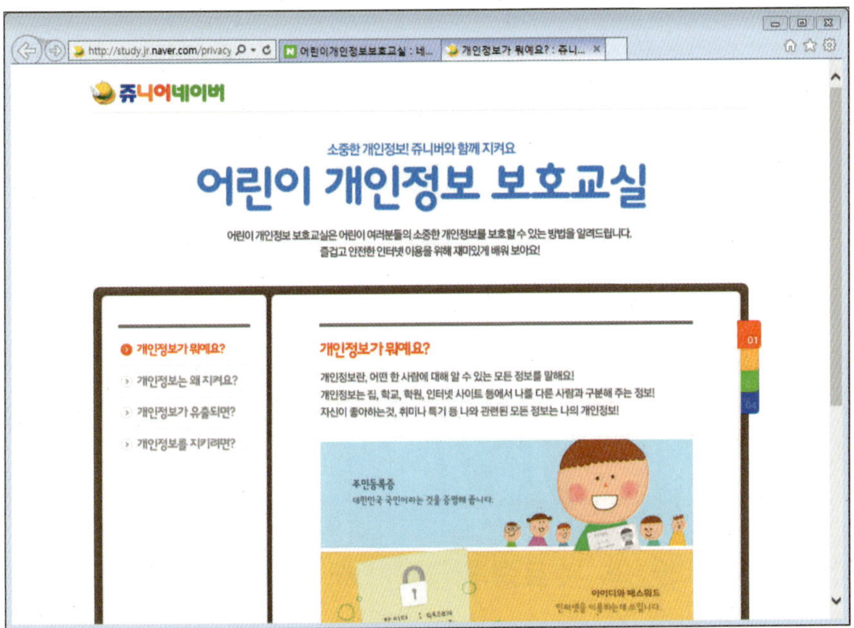

2. '개인정보가 뭐예요?'의 내용을 확인합니다.

3. [개인정보를 왜 지켜요?], [개인정보가 유출되면?], [개인정보를 지키려면?]을 클릭하여 내용을 확인합니다.

4. [수료증 발급받기]를 클릭한 후 '수료증 발급받기 테스트'를 풀어봅니다.

인터넷 중독에 대해 알아보아요.

1. [네이버] 홈페이지에서 '스마트쉼센터'를 검색 또는 홈페이지 주소 'www. iapc.or.kr'을 직접 입력하여 홈페이지에 접속한 후 [인터넷중독이란?]을 클릭 하여 내용을 확인합니다.

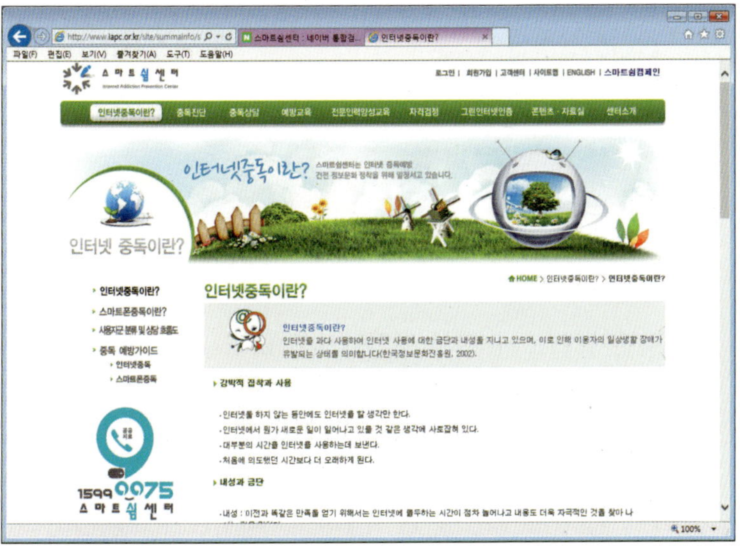

2. [스마트폰중독이란?]을 클릭하여 내용을 확인 후 [중독 예방가이드]-[인터넷 중독], [스마트폰중독]을 클릭하여 확인 합니다.

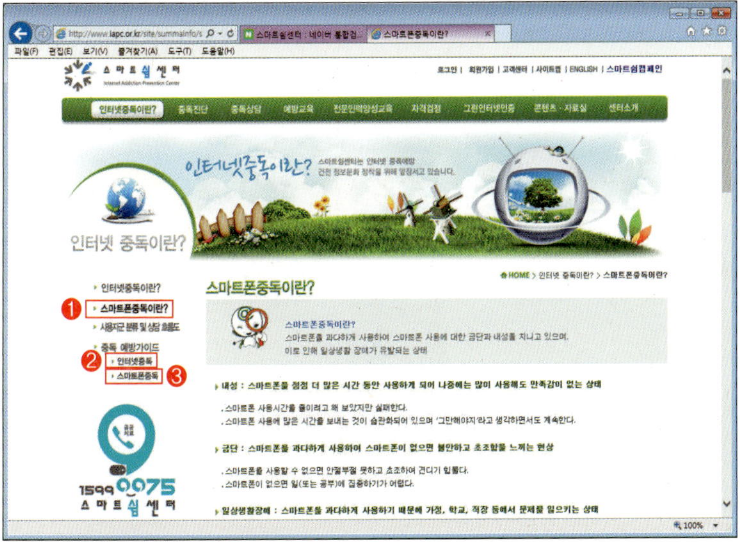

3. [중독진단]-[스마트폰중독진단]-[유아동대상]을 클릭하여 진단을 실시 후 결과에 대해 확인합니다.

4. [콘텐츠·자료실]-[스마트미디어중독예방]에서 '나와라 스마트폰, 세상밖으로'를 제목으로 검색하여 관련 자료를 확인합니다.

혼자할 수 있어요!

1. [중독진단]–[유아동대상]을 클릭한 후 인터넷중독에 대해 진단해 보세요.

2. [온라인게임중독진단]–[유아대상]을 클릭한 후 온라인게임중독에 대해 진단해 보세요.

1. '어린이 경제마을' 홈페이지에 접속하여 '용돈기입장' 프로그램을 다운로드 받은 후 설치해 보세요.

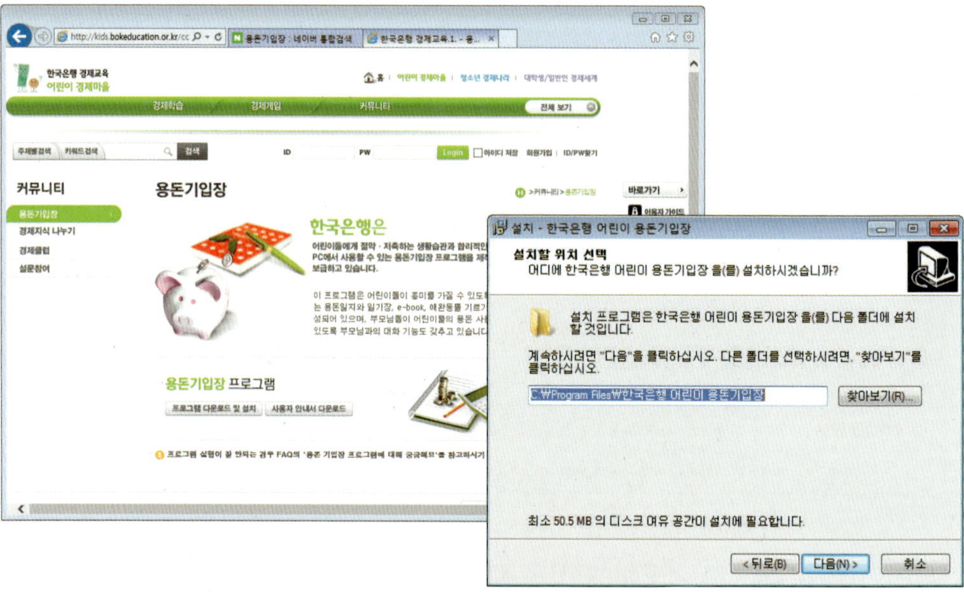

• **어린이 경제마을** http://kids.bokeducation.or.kr

2. [한국은행 어린이용돈기입장 1.7(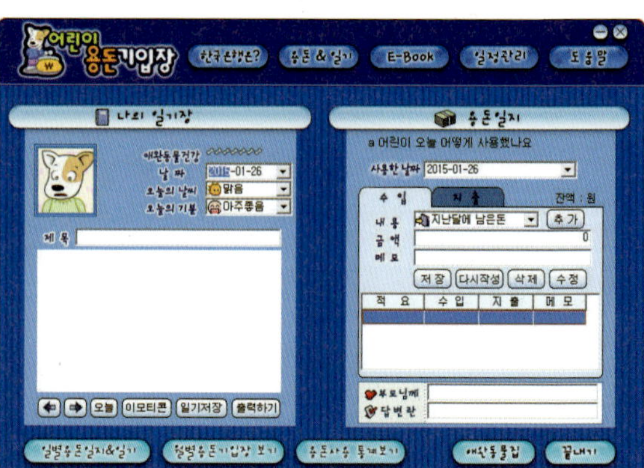)] 프로그램을 실행시킨 후 용돈관리를 해 보세요.

3. '어린이·청소년 문화재청' 홈페이지에 접속하여 '문화재'에 대해 자세히 알아보세요.

4. [이야기·궁금증]−[놀이방]에서 [재미있는 문제풀이]와 [재미있는 게임 세계]를 즐겨보세요.

5. '네이버' 홈페이지에서 아이디와 비밀번호를 입력하여 로그인한 후 메일을 클릭하고 친구의 전자우편주소를 입력하여 메일을 보내보세요.

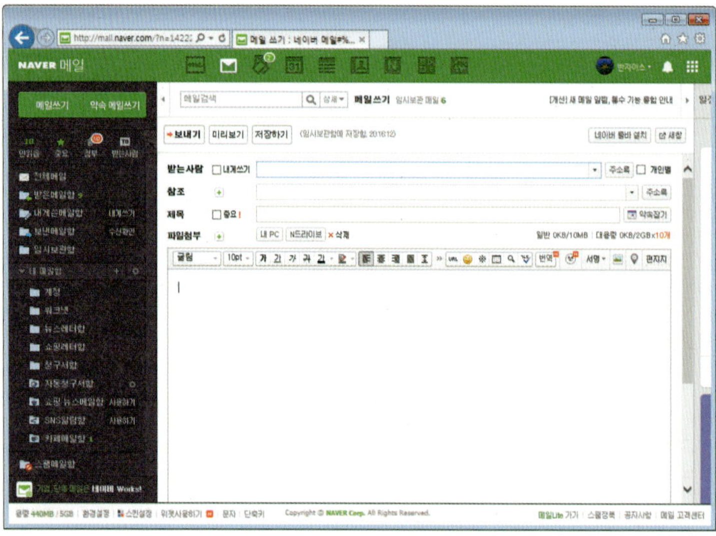

6. [캐릭터아이콘( )]과 [편지지]를 이용하여 예쁜 전자우편을 만들어 보세요.